宅經濟全攻略

施百俊 著

專文推薦

宅，是很多人的願望！

邱文仁

一般人對「邱文仁」的印象是：很活躍，活躍於職場和媒體！不過，你可能很難想像，上班時間之外，我是很宅的。我有大約七年的時間，週末都宅在家裡寫書、寫專欄，也因為夠宅，才能累積十五本書的出版量及許多專欄的露出。所以，宅的力量我很清楚，且不斷實踐中。

其實，**宅**，是很多人的願望！我在十一年前進入網路行業，那時候有許多新的獲利模式，出發點都是希望「不出門也可以做很多事」，並由此衍生出許多網路經濟的活動模式。自從有了網路，很多人希望上班可以不用出門、買東西可以不用出門、交朋友可以不用出門，甚至連去公家單位辦事、找工作等等，都可以在家完成。不過，經過上一波的網路泡沫化，這些因為「宅的欲望」所衍生出來的經濟模式，大多經不起考驗！

沒想到，到了二〇〇八年，不景氣及金融海嘯反而促進且確認了許多宅經濟的發展。宅經濟中的宅創作、宅交易、宅代工、網路創業等種種商業模式，在二〇〇九年發光發熱，且後勢看俏！我認為這是很多人心中的「宅欲望」，經由不斷地試驗，襯托目前實體世界的蕭條背景，其商業價值終於被充分肯定！

雖然我長期筆耕，也因為我週末的「宅性格」，產生出許多機會，但是關於**宅創作**，我可不是個中翹楚。彎彎、女王這些專心經營宅創作的年輕創作家，所創造出來的經濟活動及產值，早已遠高於我的十五本書及專欄。我認為，宅創作的經濟價值要發揮到極致，第一，要寫出或畫出別人的需要，要有能打動人心且獨特的內容！第二，要和閱眾互動及花許多時間經營。不過，如果你仔細想想，這兩點跟現實世界的商業經營，原理原則其實是相同的。

宅交易是為了滿足不出門也可以買東西的願望，但在網路上的考驗不見得比實體世界少！因為在宅交易中，「比價」太容易，多方比較成為常態，所以，除非產品及服務有相當的特殊性，否則價格戰勢所難免，利潤於是受到影響！**宅代工**則受惠於金融海嘯後的企業人事成本控制，外包案件大增！不過，也因為參與宅代工的人數增加，宅代工者將被考驗其專業力及執行力，而且就算在家裡做代工，積極度也得接受強烈的考驗。

網路創業不是發生在最近的事，但是金融海嘯讓網路創業的優勢更加浮現。最近我新認識的朋友「秀逗主婦13928」，就是網路創業及宅經濟的絕佳代表。她的生意好到……天啊！我訂了幾千元的天使雲吞，要排隊一個月才拿得到貨，很驚人吧！「秀逗主婦13928」掌握了產品力、口碑行銷、客戶服務、網路通路等各種優勢，甚至應用「限量」的概念，請問，這跟實體世界的成功企業模式有何不同？

另一個很讚的網路創業，是我的年輕朋友「吉他小新」，他還在讀研究所，但卻已經是每月營業額很高的吉他老闆！問他怎麼匯集「小新的吉他館」的網路人潮？他舉例說：當初楊宗緯在《星光大道》節目上唱了哪首歌，他就馬上寫好簡譜上傳，網站流量自然大增。當然，他的努力不只這一點。我最近也訂了粉紅色吉他，成為小新的客戶跟學生了。另外，「雨傘王」陳慶鴻，他曾經是我的同事兼部落格行銷的老師，他深知網路世界的力量，也因為網路創業成功而離開本部門，雖然我心中非常不捨，但我樂見年輕人運用網路的力量，開啟夢想的實現。

本書也談到**吃公家**，主要提到利用網路上可查到的公家資源及學習管道，渡過失業難關。作者提及「牛若願做，不怕無犁可拖」，以及「學習才是長遠之計」，真是深得我心！這兩點見解在網路世界的發生後，尤其中肯。網路世界的最大特色，就是便宜，甚至是免費資源的運用！如果宅在家裡卻不充分運用便宜又免費的網路資源，實在太辜負「宅的本質」。

作者將**搶攻御宅族**放在最後一章。強調既然人人都有「宅基因」，那麼御宅族的市場，就是很有潛力的消費市場。在御宅族之中，有所謂的意見領袖，掌握意見領袖（用送禮物、試用品等方式），可以為行銷的商品加分，這跟實體世界的行銷方式很雷同。而御宅族的原始定義是「狂熱者」，也就是迷上某種事物的人，例如迷上動漫或線上遊戲的人，這些人通常有蒐集的習慣，那麼，要搶攻御宅族的市場，創造出投其所好的商品就是必要的。近來最出名的例子，就是號稱童顏巨乳的瑤瑤，她「殺很大」的形象就符合了許多男性御宅族的品味。雖然御宅族的價值觀跟品味與主流市場不盡相同，但是御宅族也是一個很大的經濟市場，是從事經濟活動的你不可忽視的市場。

值得一提的是，本書提到了宅世界裡最令人頭痛的「尼特族」。尼特族的黑暗面，不學習、不工作，以及逃避勞動的現象，是宅世界中難解的習題。尼特族們從小被教育成以自我為中心，一進入職場，便認為公司給予太多責任與壓力，因此以「沒有獲得合理報酬」為理由，索性待在家中怨天尤人，靠父母養，造成更大的社會問題。

尼特族不願意去思考「突破挫折及弱勢地位」的方法，反而因為可以在宅世界裡找到同儕的共鳴，於是更加合理化自己的行為。其結果往往是被一些意見領袖所利用，不知不覺中幫某些不懷好意的人創造了商業價值。而尼特族自己雖然找到了共鳴，卻沒有解決困境的力量，因此變得更加弱勢。對於這點，我雖然憂心，但長久以來是無解的！感謝本書作者提出的藥方「愛」，讓我有個思考的起點。

（本文作者為104人力銀行行銷總監）

專文推薦

什麼是正妹？

連谷川

以前的女孩子聽到有人稱讚她是美女時，大都會覺得很開心，但若是這樣叫現在的小美眉，大概會被白眼嫌棄說：「我很老嗎？」

宅世代的**美女**已經和「美麗的熟女」脫不了關係；**辣妹**則被翻譯成「刻意展露性感的女孩子」，但不一定真的漂亮；唯有**正妹**一詞，才是這個時代相對應前世代美女的**正解**！

單單從**正妹**這個名詞的出現，就可以看出網路的普及，除了讓人們溝通的方式改變、速度加快以外，也正在加速代溝的產生。

網路上的資料從寥寥無幾的狀態，到資訊狂潮像海嘯一般襲來，前後不過數年的時間，使用者每天從海嘯裡過濾出自己感興趣的資訊，終日坐在電腦前忙得不可開交，不知不覺便**宅**了起來，因此造就出全世界為數龐大的**宅世代**。

「鄉民」為何要「敲碗」？什麼是「真相」？「格子」又是用來幹嘛的？大家都在「萌」些什麼？稍稍一個不留神，相差沒幾歲的人，說起話來就變得像外星語一般難解！網路上出現的各式各樣文章，不只用詞方式大大改變，語言的結構也稀奇古怪，不是那個宅圈子裡的人，很可能從頭到尾都在霧裡看花。

而且，大部分的宅圈子排他性非常強烈，不是長期**浸**在圈子裡的人，容易顯得格格不入，馬上就會被老資格的網友辨認出來——是正妹的新網友將受到熱烈歡迎與熱心指導，反之，則很容易受到為難而快速地被踢出圈子外！

「食色性也」的原始人性，在各式各樣的宅圈子內表露無遺！

因此，剛開始聽到有一本書要以「宅經濟」為主題時，很直覺地產生「這真是個大膽嘗試！」的想法。

不只因為要深入陌生的宅圈子實屬不易，而且幾乎每隔幾天，就有各類的新宅圈子形成，更何況還要探討這些宅圈子形成的新經濟體系呢？

就拿筆者所在的「電玩遊戲」宅圈子為例，從街機、家用遊樂器、掌上型遊樂器、電腦單機、電腦多人連線、電腦萬人連線、手機單機、手機多人連線等等，乃至於最新正夯的iPhone與iPod Touch平台，光是以執行平台（Console）與網路功能來分類，近年來便有如此多的變化，若再加上消費模式與玩家特性為考量，儼然就是一大群分線難以界定的宅圈子大集合！

在電玩遊戲的市場裡，換了一個宅圈子，營運模式即可能驟然丕變！常常可見在一個遊戲圈子裡賺大錢的模式，移植到另一個圈子就是行不通，並且導致虧損連連的窘境——魔鬼總是隱藏在細節之中！

過去，沒有強而有力的知識導引，業者只好辛苦地遊歷各大小宅圈子，一一了解與蒐集圈內人的特性、興趣、喜好，整理過後還不能只是滿足於現況，還得推測這些人未來將會喜歡什麼樣的新鮮貨，才能讓自己設計出來的新遊戲立於不敗之地！

知名動漫《攻殼機動隊》的故事裡，想像中的未來世界，將是由知識領導了絕大多數的經濟活動，而知識的傳遞又幾乎全靠網路世界裡的虛擬通路在進行——宅經濟的出現，正好讓這種科幻概念變成活生生的預言！本書則成為一把預言的鑰匙，開啟了進入新經濟世界的大門！

（本文作者為網路遊戲研發鮪魚鍋股份有限公司總經理）

專文推薦

燃燒鬥志，創造更多新的未來！

劉上青

我非常記得，多年以前被大人們投以怪異眼神的那一幕，但卻一點也無法否定，身為少年電腦遊戲玩家的自我良好感覺。事情是這樣子的：那時我還是個國中生，有天和一位好友在公車上聊天。我們是班上唯二在玩APPLE II電腦的人，那時候讓我們深深著迷的RPG（角色扮演遊戲）大作，是美國的《創世紀四代》（ULTIMA IV：資深玩家應該很快就能推算出我現在的年齡），這個讓玩家化身成史詩冒險英雄的遊戲是全英文的（當年台灣還沒有所謂遊戲產業，也沒有中文化的外國遊戲），遊戲裡充滿歐洲中古世紀的字彙，為了玩遊戲，我們學起英文是又快又有趣。現在回想起來，那正是我們開始吸收「御宅族」文化之始。我更記得當年英文老師讚許的眼神——開啓我們對遊戲新世界的熱情，少年對未來充滿了期待和希望。而當年我們兩個人在公車上的對話如下：

「昨晚去露營，我們總共有四個人，睡到一半，遇到強盜來打劫啊！」

「是喔！然後呢？」

「有兩個睡死了，怎麼叫也叫不醒，快氣死！只剩我和另外一個詩人拿把小刀拚命抵抗，血流超多的，差點沒命！」

「那你沒有逃走？」

「後來牧師醒了，緊急施法幫我補血，才解決那幾個強盜。」

「好險，下次你應該換一把釘頭鎚，砍人會比較快啦！」

「拜託！我要是有錢，幹嘛用小刀慢慢戳？都打不贏人家！等我存夠錢，先去買一把斧頭來試試啊！」

話一說完，我發現公車上的大人們紛紛用詭異、不解的眼神看著我們。在當時電腦剛萌芽的年代，大家根本不知道我們在聊的是電腦遊戲，更不認為那會是發生在我們身上的真實事件，而我們這兩個國中生看起來又不像是精神有問題的人，所以那些大人們應該都墜入判斷邏輯打結、思考無解的五里霧之中。

多年以後的現在，電玩遊戲已經非常普及了，若在路上看到三兩成群的男同學們在哈啦，你不妨靠近聽聽他們在聊些什麼。根據我的經驗，大概有八成是在聊電玩遊戲。不只男生，愈來愈多的女生也發現，從遊戲裡面可以得到很多樂趣。某天午休時間，我到公園去散步，看到一位年約三十幾歲，身著上班族套裝的亮麗ＯＬ，神情愉快地講著手機，而內容竟然是玩線上遊戲下副本打怪推王得好寶之類的事，徹底顛覆我對敗犬女王的印象。另外一位剛當媽的朋友，她的ＭＳＮ暱稱是：「餵奶打怪真是忙啊！」邊餵小孩邊玩遊戲，二十一世紀的媽呀！這一些，正是宅經濟的新面貌。

台灣從以前沒有電玩遊戲產業，到現在破百億的年產值，在不景氣時期，這個產業還持續興旺，堪稱異數，也因此炒熱了「宅經濟」一詞。作者在書中闡明御宅族的三大特徵：**持續消費**、**消費且創造**、**社群化**，確實反映在線上遊戲方面。尤其是「創造」這個特徵，玩家們在遊戲世界中，正是持續地創造角色的未來，並在社群中發揮影響力。比起限制重重的現實世界，虛擬世界更易獲得自我實現之成就感，發展出較為單純的人際網絡。而在御宅族市場方面，作者提到了掌握話題，並指出宅名人瑤瑤創造話題的功力不可小覷；的確，由《數位遊戲王》節目培養出來的瑤瑤，電玩美少女之定位鮮明，走紅的過程完全不同於一般女藝人，正是受到台灣廣大御宅族熱烈關注而崛起之代表作。

而如此讓人持續投入，且花費相對較低的宅經濟娛樂領域，當然還包括了卡通漫畫、模型公仔、類型小說等等，作者以多年的開創經驗，在書中對這些都進行了系統化的詳實分析，深入淺出，明瞭易懂；在宅交易、宅代工、網路創業的攻略中，作者指出能做的事業（規畫加努力，就很有機會賺錢）和不能做的事業（再努力也會血本無歸），也進行了案例分享，訪問在各領域成功的宅經濟工作達人，揭開令許多人稱羨之夢幻宅工作的神祕面紗，對於有志於此的工作者，可發揮綜觀全面、趨吉避凶之功效。

作者並強調，由電腦和網路所形成之宅經濟事業，最終面對的還是真實世界的人事物，因此那並不是另外一個世界，而是和現實世界一樣的世界，這是避免失敗的一個重點。人性不會因為科技而改變，但新科技卻能讓人類有更多優異的工具可以運用，進而創造出新的經濟利益。讀完這一本具備豐富知識、提供宅經濟攻略實用之書，有志的讀者們，燃燒我們的鬥志，創造更多新的未來吧！

（本文作者為中視《數位遊戲王》節目製作人）

目錄

Contents

攻略二：宅交易

攻略三：宅代工

攻略四：網路創業

攻略五：吃公家

攻略六：搶攻御宅族

美好的御宅人生

目錄

Contents

前言 御宅一家

我們一家全是**御宅族**，容我來為各位介紹一下：

首先是我的母親，也就是家中的阿嬤。她自從二十歲出頭嫁給我老爸之後，就專職當家庭主婦，除了買菜逛街遊玩之外，鮮少出門，尤其上了年紀以後，骨質疏鬆，走路時膝蓋容易痠痛，就更不想出門了。以往，她整天待在家裡很無聊，就會開始嫌東嫌西，嫌孫子數學不行、嫌媳婦做菜難吃、嫌兒子鬍子不刮（喔，那是造型好不好！）……三年前，我們兄妹認為這樣下去不是辦法，一定會搞得天怒人怨，於是趁她老人家六十大壽，送了一台電腦給她，大螢幕加手寫板加掃描器，一應俱全。從此以後，她只要看完報紙，就乖乖上樓坐在電腦前面，把幾十年累積下來的舊照片（十萬張跑不掉）逐一掃描存進電腦裡，上標題、下評語、燒光碟，忙得不亦樂乎。她說她的下一步是要寫部落格，回味記錄這一生；她還想學網拍，把倉庫裡的老古董都清掉……不知不覺地，她成了「**宅阿嬤**」。

網拍／網購／網路創業要怎麼搞？這是ＢＪ的專長，將在「攻略四」中與大家分享。

再來介紹我的老丈人，也就是家中的外公。他從少年時代就開始習琴，至今已經超過五十年，也算是個小有名氣的演奏家和音樂教育家。他年輕的時候，擔任過五燈獎的評審，南北奔波授課、演奏，搞壞了身子。現在跑不動了，只能偶爾在教會司琴，閒來無事就打麻將消磨時間，一天打個十小時很平常。他總是說，如果兒孫能學會他的一身技藝，一輩子吃穿就不用愁了……you know，老人家說話很像不小心按到重複播放鍵，講來講去都一樣，聽多了都煩。於是我們靈機一動，也買了台電腦給他，搭配高段音響、大小兩組Keyboard、外加神奇作曲軟體給他。從此以後，他麻將少打了，釣魚爬山也不去了，整天坐在電腦前和「七連音」、「四聲部」等曲譜奮戰，常常搞到清晨四點才上床，小睡一下，起來吃個早午餐後又繼續拚命，不知老之將至矣！去年，他出版了三本附CD的樂譜，從編曲、演奏、錄音、排版、印刷、鋪貨，全都自己一手搞定。他把樂譜擺在教會公報社裡賣，內行人一看，如獲至寶。這樂譜書賣得也不差，收入幾萬塊有吧！我丈人他信心大振，跟著還要學後製音效、影像配樂，我看，久石讓如果不努力點會被他幹掉。這就是我家的「**宅阿公**」。

宅創作要怎麼做？我們找到了高手，將在「攻略一」中傾囊相授。

接著談談我的姨丈。他從學校畢業以後就幹記者，在某大報擔任地方記者二十幾年了，文教、警政、屏南屏北跑透透，大小人物都罩得住，任何風吹草動全逃不過他的耳目。沒想到，先是來了水果報，接著又遇上百年難得一見的經濟大蕭條，報社只好裁員減薪。他本來以為都當到資深記者了，應該不會受到影響，怎知某日高層一通電話打來，「請辦優退吧！加送一年份免費報紙。」於是他只好乖乖地鼻子一摸，收拾相機、筆電回家吃自己。殊不知，中高齡失業最慘，根本沒有什麼工作機會可找。要創業嘛，窮書生沒銀子；要種田嘛，拿筆的拿不動鋤頭……家裡還有兩個中學生要養，老婆天天碎碎唸，那真不是人過的生活。他索性整日參禪拜佛，成了我家的「**宅公公**」。還好天無絕人之路……且讓我先賣個關子！

宅公公將在「攻略五」中，揭露他如何應用公家的社會資源。

再來是我老婆，結婚前她在繁華的台北城混娛樂圈，伺候「穿著Prada的惡魔」。但結婚生了兩個小孩以後，體脂肪急增至百分之四十，腦袋也不靈光了，辦事落東忘西：辦駕照丟身分證，補身分證丟手機，買手機丟信用卡……事情愈辦愈多。不得已之下，只好隨我打包退隱江湖，從此在家餵奶娃，成了標準的「**宅媽**」。兩年前，小孩都上學去了，我們夫妻兩整天在家裡大眼瞪小眼也不是辦法，於是她決心報考藝術大學，專攻音像藝術管理。這幾天，她開始寫畢業論文，正好重新梳理以前的業界經驗，我不敢說她這樣的研究是後無來者，但前無古人倒是真的，誰有想過搞笑綜藝節目也能登上學術期刊呢？宅媽重新充電後，開始兼點課、作音樂、接通告，找回自己的人生。最新進度是，她聽說日本媽媽們現在正流行全球炒匯炒股，買完菜窩在家裡，就可以掌握全球金融行情……她看著我的存摺，臉上掛著詭異的微笑。

宅交易相關議題，我們請到了每日在家調動上億資金的高手，在「攻略二」中傳授武林密技。

還有我的大姨子，她是個怪胎，作畫作曲都難不倒她！她花了她老爸上千萬到世界頂尖的音樂學院進修，拿到音樂藝術碩士，專攻電腦音樂（就是叮叮咚咚沒人聽得懂的那種）。回國以後，她在頂尖設計公司工作了一陣子，後來又轉進兩家最大的國際廣告公司當主管，幾年下來，年薪不加分紅就破百萬。但忽然有一天，她神經發作，拿「回家帶小孩」當作理由，就把工作給辭了。當然，她這個舉動被全家人罵了個臭頭。可是，讀藝術的她沒管那麼多，把小孩丟給保母之後，剩下的積蓄全拿去買樂器和電腦設備，整天窩在家裡搞地下樂團，拜師學ＤＪ……就這樣認識了一些電影導演和製作人，他們竟然聽得懂她叮叮咚咚在彈些什麼，於是將許多電影電視的配樂發包給她製作。前一陣子，片子陸續上映了，她的成果頗受好評。這位「**宅大姊**」該付的奶粉錢總算有了著落。

宅代工要怎麼找門路，宅大姊將在「攻略三」中與各位分享。

此外就是我的表弟了。話說我這個表弟不成材，大學讀了六年，好不容易混到鄉下大學的文憑，眼看都已經快三十歲了。但是他卻一點兒也不心急，整日窩在家裡，白天悶著頭猛睡，吃飯也不下樓，連父母都難得見上一面。有天總算被我逮到人，我問他說：「你在幹嘛呢？怎麼不去找份工作？」他說：「還沒當兵要去哪兒找工作？」我說：「那就快去當兵啊！」他說：「我很忙，我在戰鬥。」我再追問：「戰鬥？戰啥？」他說：「戰魔獸！」我無言，這就是標準的「**尼特族**」。

好不容易送他去當兵，不過現在的兵都是少爺兵，錢多事少離家近，一年匆匆過去，他又回家來了。

「這下該去找個工作，準備娶老婆吧？」我說。

「金融危機，去哪裡找工作？」他說。

「不然我拜託台北認識的朋友幫忙好不好？」

「我不知道怎麼去台北！」

我又無言了。他上樓去，把塵封已久的網路線接上，再度開始他的御宅人生。

怎麼樣才能當個令人尊敬的御宅族，BJ將在最後一章與各位討論。

最後，介紹阿宅ＢＪ自己，現年四十歲，網齡正好是現齡的一半：從撥接上網的年代就開始混網路；一九九五年開始搞網路創業，那時候Google都還不知道在哪裡，Yahoo的首頁也只有十個裸女網站連結。我成立過科技公司、創意文化公司，還當過全國性電玩協會理事長……這些事業大部分都倒了，讓我賠到差點脫褲子，因此有一大堆的失敗經驗可以和大家分享。青春荒唐夠了，我選擇退出江湖，回鄉下學校教書，課餘搞搞電玩遊戲製作。除了上課以外，大部分時間都待在家裡當「**宅爸**」，每天在電腦前「工作」十二個小時以上。閒時就看書看卡通看電影，或者組裝怪獸模型，偶爾寫些小說。除了每天外出騎腳踏車健身以外，不開會不應酬，宅到不行。

「知阿宅者，阿宅也！」ＢＪ將在「攻略六」中教你怎麼賺御宅族的錢。

本書是第一本討論宅經濟實務的專書，教你如何「**不出門也能賺錢**」，御宅族不必和

人應酬，還是可以自食其力，不會變成寄生蟲。其實不只御宅族，退休人士要尋找事業第二春、家庭主婦想再就業、高學歷不巧高失業、上班族想要兼差賺外快……全都用得上這本書。

當然，這不是一本勵志書，而是實務攻略，你只要一步步照著做，就能搞定自己的**宅事業**！好比電玩攻略一般，本書中的步驟簡單明瞭，各項實務都有圖文操作說明，並標示所需「資源」（錢、人力、人脈、運氣、時間）以及「難度」，也提供諮詢解決之道。我們將詳細解說「怎麼把興趣變成生意」，但可不是畫大餅——你會聽到ＢＪ不斷告訴你，這要小心、那也要小心，還有許多過來人的辛酸血淚大公開。

真實人生與虛擬世界畢竟有很大的不同，在網路裡，死了只要「砍掉重練」就行，但現實生活裡，錯了可不能重來。一步錯，全盤錯，不得不謹慎！

Mission Start!

宅經濟入門

無論路途多麼漫長與艱辛，也要努力爭取勝利，若無法取勝，就沒辦法生存下去。

～邱吉爾

宅經濟到底是什麼？簡單來說，就是以**御宅族**為主體的經濟活動。

正當全球經濟陷入衰退危機之際，宅經濟反而蓬勃發展了起來，受到社會各界的普遍重視。本書寫作的當下，在全球最大的知識庫 Google 上鍵入「宅經濟」三個字，總共出現逾一千兩百萬筆的網頁資料，這時候，距離它首次被提出來，還不到半年之久。一個經濟性字彙能夠得到這種程度的矚目，如果往前回溯的話，恐怕只有公元兩千年時的「.com」風潮可以比擬。

接下來你可能會問，那御宅族又是什麼？常見的解釋說法是：**「御宅族的生產和消費模式跟一般人不一樣。」**嚴格來講，這句話不盡然正確。為什麼呢？因為它沒有先把定義和範圍給搞清楚，把御宅族和一般人之間的界線畫出來。

這樣說好了，如果你要研究「猛獸的掠食模式」，第一步當然必須先把什麼是猛獸給定義清楚，區分「猛獸」和「非猛獸」的差別：老虎獅子一國，貓熊兔子一國。若是有人問起獅子的掠食模式，你只消搬出研究結果就行；若有人問說貓熊的掠食模式，你也明白牠不在研究範圍之內——不過曾有學者探究後認為，古書記載黃帝騎貔貅大戰蚩尤，所謂的貔貅其實就是貓熊，牠張口一吼敵人便嚇得尿褲子！你說牠算不算猛獸？

同樣地，我們要先對什麼是御宅族有完整的定義，才能繼續往下談宅經濟，之後的分析和結論也才有意義。否則，就會跟新聞媒體的聳動報導沒兩樣，這也宅經濟、那也宅經濟，好像每樣生意都是宅經濟，但又好像每樣都不是，讓人一頭霧水。曾有新聞報導：一名失業男子利用網路拍賣平台進行詐騙，要求客戶先匯款，結果卻沒有出貨，短短四天騙到了五十萬。記者聲稱，這就是「現在正夯的宅經濟」。

網路詐騙也算宅經濟？當然不算！不然照這樣推論下去，電話詐騙也是宅經濟？那專

騙獨居老人的金光黨算不算宅經濟？沒道理嘛！

正本清源，我們還是得把御宅族是什麼給講清楚。在此，將御宅族大致分為下表所呈現的這些類型，並逐一說明：

定義御宅族

狂熱者：御宅族的原始定義

最早最早，其實不過二十幾年前，日本的動漫畫產業開始受到國際矚目，也養成了一大堆狂熱者（マニア，mania）。一九八三年，知名社會評論家中森明夫於漫畫月刊《漫画ブリッコ》的連載

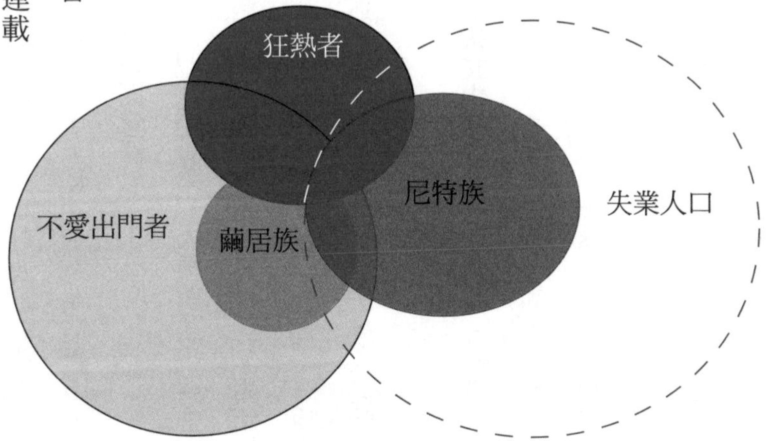

御宅族的類型

專欄「『おたく』の研究」中，首次正式使用**御宅族**這個詞，用以稱呼那群對動漫狂熱的份子。「おたく」的漢字寫來就是「御宅族」（發音O・Ta・Ku）。在英語中，具有類似概念的名詞有geek、nerd、freak等等，不過多了點負面意涵。

在日文裡，御宅兩個字代表貴府、府上的意思，同時也是第二人稱敬語，與中文的「您」字差不多。而中森先生之所以引用御宅族這個詞，主要是受到一九八二年開始放映的動畫《超時空要塞》所影響；在這部動畫巨作中，女主角林明美常以「おたく」稱呼他人。這位美女主角實在太可愛、太受歡迎了，動畫迷們開始以御宅族互稱，外人老聽他們這麼喊，久而久之，就把他們都叫做御宅族。

在這個階段，**御宅族指的是熱中於次文化，並對該文化有深入了解的人**，一般主要用於稱呼精通「動畫、漫畫及電腦遊戲」（ACG; Animation, Comic, Game）的人。不過在日文裡，御宅族也可以廣泛用來指涉對自己的領域很擅長、十分厲害的專家，有點類似「達人」的意思。常見的御宅族有模型御宅族、軍事御宅族、鐵道御宅族等等。

而說到ACG的迷哥迷姊們，他們可以算是御宅族中的御宅族，還衍生出同人御宅族（COSPLAY）、影視御宅族、偶像御宅族等等。每年春秋兩季，各地都有盛大的漫畫祭

御宅族不可不知的術語：「萌」

要研究御宅族，「萌」這個字一定要懂，它的日語發音為「moe」，正巧與「燃燒」同音。這個字本來是指草木發芽之意，近年來則被ACG的愛好者用來形容極端喜好的事物——當動詞用時，意思是遇到了可以「讓內心熊熊燃燒」的事物，迷漫畫就說「萌漫畫」，像我迷湯唯，就可以說「我萌上了湯唯」；它也可以當成形容詞來使用，例如說：「昨夜光一的演出，真是萌！」萌是相當主觀的感覺，不見得所有的人都會被同一對象萌到。當然，有一些特質很容易令人產生萌的感覺，比如清純可愛天真無邪的小女孩、對女性極盡溫柔的硬漢……而且並不是只有御宅族才會萌。

活動，許多打扮成漫畫主角的同人御宅族出現，總是成為鎂光燈的焦點！

有時候，御宅族也會以另一種極端的方式來表現自己：不修邊幅，身著T恤短褲拖鞋，甚至連鬍子也不刮；他們經常足不出戶、流連網路世界、不擅言詞、缺乏魅力、不關心他人的存在，因此招致社會上種種負面評價，並給人留下不好的刻板印象。當然，有部分御宅族確實是這樣的「隱蔽青年」，但大部分的御宅族不過是因為平日只專注於自己喜好的領域，對於時尚流行、服裝外表比較沒有時間和興趣去留意罷了。

後來，自稱「Otaking」（御宅王）的岡田斗司夫把御宅族的尊貴地位又往上推進了一層，他把這個族群定義為：「在這個『映像資訊全數爆發』的二十一世紀中，為了適應這個映像資訊的世界而產生的新類型人種。」這完全是達爾文進化論的口吻，彷彿在傳達說：「**御宅族是未來世界的新人類，不是御宅族者終歸滅絕！**」

至此，御宅族現象引起廣泛的注意，到了公元兩千年，日本著名的經濟研究機構「野村綜合研究所」，開始針對御宅族進行全面性的市場調查，他們在二○○六年的報告中，把御宅族定義為：「執著於某種人事物，以甚為極端的方式，把時間與金錢集中消耗在該對象上。對該對象有豐富知識與創造力，而且會從事散播資訊與創作的活動。」他們並且正式把御宅族定義為**蒐集**、**創作**、**社群**三位一體的消費性族群。這麼一來，等於將御宅族做了擴大解釋，不只ACG迷，連集郵迷、科技狂……只要你對某一樣東西具有濃厚的興趣，大概就可以列名御宅族了；台灣特有的布袋戲迷，也許也算是一種御宅族（霹靂御宅族）！

這份研究報告同時也指出，「個人大量收發資訊而形成網路環境下的個人自由主義與民主主義」，進而促使御宅族大規模形成。具體來說，御宅族的蓬勃發展，可以歸納出以下四個原因：

一、電腦設備與通訊網路的普及，使人們更容易發現彼此，並且進行溝通。

二、通訊便利，使人們更容易蒐集到特定領域的資訊。

三、通訊便利，人們可以輕易向別人發送資訊。

四、每個人都得以進行電子購物與網路拍賣，交易成本降低。

「御宅」變「阿宅」

不知為何，關東煮傳到台灣來就變成黑輪；人家原本是日本上班族小酌一杯時

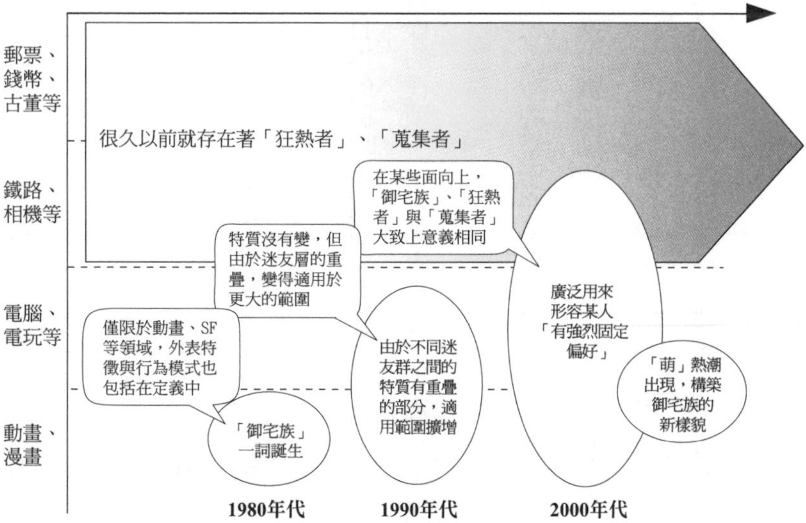
郵票、錢幣、古董等
鐵路、相機等
電腦、電玩等
動畫、漫畫
很久以前就存在著「狂熱者」、「蒐集者」
在某些面向上，「御宅族」、「狂熱者」與「蒐集者」大致上意義相同
特質沒有變，但由於迷友層的重疊，變得適用於更大的範圍
僅限於動畫、SF等領域，外表特徵與行為模式也包括在定義中
「御宅族」一詞誕生
由於不同迷友群之間的特質有重疊的部分，適用範圍擴增
廣泛用來形容某人「有強烈固定偏好」
「萌」熱潮出現，構築御宅族的新樣貌
1980年代
1990年代
2000年代

原始御宅族定義之變遷（引自野村綜合研究所，2006）

所搭配的佳餚，到台灣卻變成了夜市裡玩打彈珠時隨口吃的零嘴。同樣地，御宅族的意思傳到台灣來以後也起了變化，成了台客版的阿宅。

雖然說用日文唸起來，「**阿宅**」和「**御宅**」是同音沒錯，但字面上的尊貴程度就差了好幾級。阿宅這個用詞的起源已經不可考，但它顯然是台客們對宅男、宅女的暱稱，就好像坐你隔壁的同學明明叫「建民」，多麼好聽啊，你卻偏偏要叫他「阿民」，是親密了點，但就沒那麼尊敬了。

說到宅男界的代表，首推二〇〇四年轟動日本的影片《電車男》中的主角，他是一個整天關在家裡上網的年輕人，喜歡收集各式各樣的模型，不重外表、沒女人緣、不敢與異性交談，放假只會去秋葉原。

秋葉原又稱為「電器一條街」，有好幾棟超大型的電子商場，周邊還有許多專為御宅族開設的各種店鋪，如咖啡店、模型店、動漫畫遊戲精品店等等，如果你沒去過，可以把那裡想像成是光華商場、中華商場（已拆除）、西門町的混合體。而這位宅男主角，就是標準的「秋葉原系」人類，他不懂得如何釣馬子，卻在某次搭電車時遇到了提著愛馬仕包包的美女，展開了一段解放壓抑的催淚愛情故事……

腐女＆敗犬

這裡有個相關的名詞：「腐女」。這個名詞源自日語同音的「婦女子」，是喜愛BL的女性的自嘲用語。所謂BL是Boy Love的意思，專指「男男愛」，這種愛情不太像同性戀，而是兩人都把對方當作女性，極盡溫柔對待。有些女性喜愛把自己投射到作品的角色中，幻想會有男人這麼對待自己，然而現實生活中又沒有這樣的男人，於是她們自嘲妄想過頭或思想腐敗，而有「腐女」的稱號出現。然而，這個詞傳到台灣來時，還是起了點化學變化，專指不結婚、窩在家裡逐漸腐敗的女人，有時稱之為「敗犬」，帶有貶抑的味道。

回歸正題，不知道你有沒有發現，關於這位電車男的性格與特徵描述，比原始定義的御宅族多了一點不同——整天關在家裡上網。也就是說，他不喜歡或者是沒機會和真人接觸，難以進行聚餐交友約會等真正的社交活動。這時，「宅」變成了動詞，表示「關在家裡」。因此，每當說到宅男宅女的時候，就會讓人聯想到喜歡待在家裡的男女。

至此，你可以發現，御宅族的定義已經從日本原始定義的**狂熱者**，不知不覺地變成**窩在家不出門**的人，而這種行為推到極致，就成了所謂的**繭居族**。

繭居族

「**繭居族**」（Cocoons）這個名詞，最早是由一位名叫「爆米花」（費絲．波普康〔Faith Popcorn〕）的趨勢預言家在一九九二年提出來的。那是柯林頓政府執政的第一年，接下來，美國經濟就像噴射機一樣快速起飛，歷經八年之久的「非理性榮景」——大家賺得盆滿瓢溢，到處玩樂拚命花錢，對未來充滿了希望，誰想要躲在家裡繭居啊！因此，爆米花小姐的預測被眾人嗤之以鼻。沒想到，改變悄悄地降臨，大家開始發現某些人，尤其是青少年，變得不愛出門了；嚴重者甚至一星期、一個月或一年都不出門……繭居族愈來愈多，大家這才回頭承認爆米花小姐神準的預測能力。

這位小姐既不是什麼諾貝爾獎得主，也不是常春藤名校教授，更從來沒有在學報上發表過論文，但是她的預測準確度卻遠遠勝過學院裡的研究者。用御宅族的話來說，她是「神」一樣的人物。

她在著作《爆米花報告》（*The Popcorn Report*）中，這麼解釋繭居族的成因：「當外在環境日趨險惡，我們心中愈有一股回歸內在的原動力，我們渴望尋找一個安全的殼或城

堡來保護自己，以使我們不至再受不可預知的外在世界所擺布。」外面的世界實在太糟糕了，繭居族只好躲在家裡；這種行為其實是生物本能，寄居蟹、蝸牛就是最好的例子。在醫學心理學上，這叫做退回子宮的衝動：人一旦受到外界威脅，自然而然會把身體蜷曲起來，好像未出生前在媽媽的肚子裡受到保護一樣。

簡單來說，**繭居族就是「更宅的御宅族」**，他們把自我和社會的聯繫盡量切斷，躲在自己的小世界中，過著毫無現實意義的人生。繭居的症狀嚴重時，有人會連走出房門都不願意，甚至連家人也不想見。村上龍的知名作品《最後家族》中，就描述過這樣的繭居族：

> 他在自己的房間中建築「城堡」，把窗戶貼滿黑紙遮擋來自外界的陽光，甚至對家人暴力相向，想吃啥就從門縫遞出紙條請母親準備，在房中，唯一對外的聯繫就是電腦網路，只會用鍵盤溝通，面對面就不會講話。

如此程度的繭居族，已經造成他人的負擔，輕則讓周遭親友為其勞心勞力，重則還會對旁人造成傷害。這種侵犯他人自由和身體安全的行為，真要追究起來，也算是一種犯罪行為。而談到「無端加諸他人負擔」的阿宅，就不得不看近來人數暴增的**尼特族**。

尼特族

「**尼特族**」（NEET, Not in Employment, Education or Training）一詞，最早是由英國勞工部門所提出來的，專指不升學、不工作、不接受職訓，畢業後賴在家中依靠父母的照顧和經濟支援，終日無所事事的人。而根據日本政府公布的《勞動經濟白皮書》，尼特族是指不做事、不讀書，也沒有工作意願的十五至三十四歲未婚族群；美國則稱之為「**歸巢族**」（Boomerang Kids）；中國大陸稱為「**啃老族**」；香港稱為「**雙失（失學失業）青年**」。就定義來看，尼特族有部分特質與御宅族和繭居族重疊。

尼特族的出現，與經濟環境衰退有很大的連動性。近年來，講求人格獨立自主的歐美各國，都出現大學畢業生或二十多歲的成年人，仍依賴父母「養」的社會問題。而日本厚生勞動省更預測，到了二〇一〇年，日本的尼特族將會增加到一百萬人，形成社會的一大隱憂。

在台灣，肇因於二〇〇八開始的經濟衰退潮，企業刮起裁員風，求職益加困難，使得尼特族增加的趨勢愈見明顯。就連最高學府台大的校長都說：「這是有史以來，畢業生求職最困難的一年！」外在大環境不佳，加上「工作很難找」這樣的想法不斷被強化，年輕人失去求職的意願，許多初出校園的人，索性連工作也不找了，直接賴在家中，還美其名說是在等待機會；而尚未畢業的人，學習意願也隨之降低，「反正畢業也找不到頭路嘛！」校園瀰漫著悲觀氣氛。這麼一來，年輕人的技能水準也跟著降低了，形成更多的尼特族。惡性循環之下，情況愈來愈糟。

尼特族可以說是「自願性失業」的一種，年紀輕輕就完全放棄找工作與進修充實的想法，整日宅在家裡，對社會造成隱形的傷害。我們將在最後一章討論這個現象，並試著提出對策。

接下來，我們要談的是**非自願性的御宅族**，這個族群大部分是由失業人口所組成，也是所有阿宅一族中，最具有潛在威脅性的一群。

宮崎勤事件始末

這則駭人聽聞的案件發生於一九八八至八九年間，日本東京都至埼玉縣發生連續誘拐殺害女童的事件。四名年齡從三至七歲的女童慘遭肢解。凶嫌宮崎勤身患殘疾，成長過程受盡歧視，畢業後又因工作態度不佳而離職，之後成了繭居族，是動漫狂熱者。被逮後，警察搜索其房間，發現有近六千盒的錄影帶，並從中找到受害女童被殺後的影像。事件於二〇〇八年宮崎勤被判死刑而終結。案件發生時，御宅族及對動漫著迷的人，都遭到敵視，並被當成危險人物。

高危險族群：非自願性御宅族

二〇〇九年初春，御宅族研究中最令人擔心的「東京／埼玉連續幼女誘拐殺人事件」（又稱宮崎勤事件），在台灣出現翻版案例：失業男子假借租屋名義，「隨機」誘騙房東看屋，再以殘忍的手段將房東殺害，還追到房東家中，砍殺其妻女，造成一死兩重傷。

這件事震驚台灣社會。無前科、沒有明顯殺人動機的失業男子，寄居親人家中，平常都關在房間內玩線上遊戲。他被捕後神情平靜地說，他是從漫畫書中得到靈感，犯案只是想把霉運轉給別人，也就是想要透過殺人轉運。「殺誰都可以！」

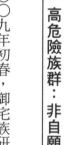

這正是典型的御宅族殺人事件，從凶嫌的行為特徵看起來，他不僅是漫畫迷，還是繭居族、尼特族，符合多重的御宅族定義。但究其原因，這類凶嫌幾乎都不是自願性的御宅族，而是因為失業，被迫留在家中的阿宅。

「小心貧窮與絕望帶來的犯罪──」《中國時報》的社論上出現這麼一篇文章，「貧窮與絕望，社會階級所引發的相對剝削感，永遠是負面思維與黑暗勢力的驅動力量。」**非自願性的御宅族可以說是黑暗版的御宅族**；一個成年人最難以承受的打擊，莫過於失業、失去經濟來源，一旦沒有了錢，其他所有的人生價值都會隨之崩解，陷入絕望的狀態。

當然，有人會反對這種金錢至上的論調，認為人生還有比財富更重要的價值應該去追求。但人類確實要能滿足基本的生理需求之後，才能去追求更高層次的滿足。對於這群具有潛在危險性的黑暗御宅族，不是只要旁人「伸出溫暖的手」就能解決問題的，最重要的是，如何幫助他們打好穩固的經濟基礎，讓他們能夠有希望和尊嚴地生存下去，才不會造成社會的負擔，甚至是傷害。這才是根本之道，也是本書的目的之一。

每個人身上都有宅基因

看了五花八門的御宅族種類之後，或許你不禁懷疑，怎麼自己身邊好像也有不少符合定義的阿宅？更進一步想，如果每個人身邊都有阿宅，那不就意味著到處都有阿宅？

野村綜合研究所的中村博之先生在幾年前說過：「網路御宅族這個名詞已經幾乎沒有人使用了，因為在一般人當中，有近百分之二十的人每天上網兩小時。也就是說，人人都成了網路御宅族。」

更激進一點，讓我們這麼說吧：以前我們笑那些「窩在家裡上網的人」是阿宅，而且帶有些許貶低的意味，但現在人人都在上網，也可以說人人都有**宅基因**，如果你連「**宅**」這個名詞都無法理解，那不僅是落伍，而且終將被這個阿宅當家的社會所淘汰！

這不是危言聳聽。十年前老師在教電腦時，得從如何開機、點這裡、點那裡、打開瀏覽器、輸入網址等等步驟教起，但現在如果還是從這些步驟教起，學生會認為老師是在打混，然後上網投訴，老師就等著被開會批鬥，嚴重的還得捲鋪蓋回家吃自己。

在企業裡也有類似的現象。以往徵才時，企業主問的問題是：會不會使用電腦？會不會上網？但現在他們已經完全不問這些問題了，因為大家都假設說，這是人人都會的技能，不會使用電腦簡直是不可思議的事，連拿到求職者手寫的履歷表也是一件不可思議的事……甚至，你竟然還打電話詢問錄取結果！拜託，不是公布在網站上了嗎？

還有更誇張的案例，我們在「宅創作」的攻略裡會看到一位創作高手，入行八年，已經出版了三十幾本小說，但是直到現在，她還沒見過她的編輯長什麼樣子——是歐巴桑還是小姐呢？胖還是瘦？美不美？如果沒有意外的話，本書的形成也將會是這樣：一個由作者、編輯、美編、通路、行銷……所形成的「虛擬團隊」，大家都窩在自己的家裡或辦公室工作，誰也沒見過誰，全用電子郵件傳遞往來。

原來，**我們的社會已經變成了宅社會，人人都是阿宅**。也就是說，**人人都有宅基因**！你不想變阿宅都不行。

在野村綜合研究所的報告中提到，他們進行了大規模的問卷調查，再用統計方法整理出御宅族的六大心理因素，包括：

一、蒐集的欲望

二、博取同感的欲望

三、自己主導的欲望

四、歸屬的欲望

五、表現的欲望

六、創作的欲望

在原始定義的御宅族中，宅男宅女或多或少都有這些潛在基因。但如果再仔細一看，其實大部分的因子都已經在馬斯洛的需求層次理論中提出過。也就是說，隨著生命經驗的進展和需要的滿足，**每個人**都會具有這些共同的**基因**——這又再次印證了「**人人都是阿宅**」的理論。

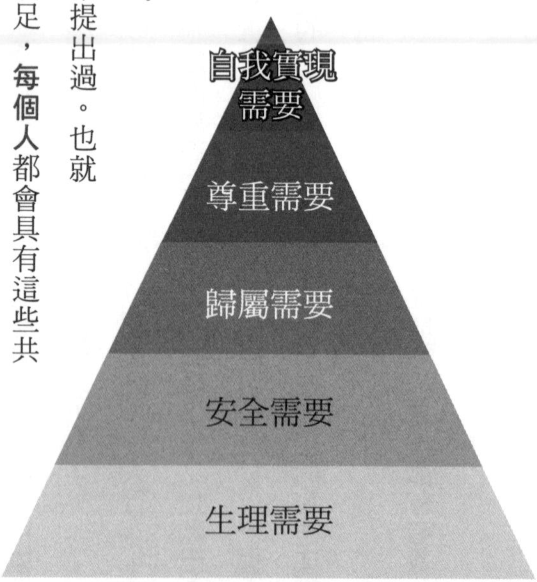

馬斯洛的需求層次理論

最近有許多名人紛紛跳出來承認自己也是御宅族。這種行為，用宅術語來說，就叫做

「自白」(coming out)，類似「出櫃」或「告白」。這證明了這些文化影響者也聞到了時代改變的氣味，開始向廣大的阿宅們交心！舉幾個著名的例子，像是日本天團SMAP，他們也常常引用卡通漫畫中的名言和術語，好比「燃燒你的小宇宙吧！」「即使是我死了，也會有人代替我！」

嗯……木村拓哉、中居正廣或許老了一點。

那中川翔子呢？她的「涼宮春日講座」可是目前研究御宅族的重要材料！

再不然，現任的日本首相麻生太郎夠有名了吧？他擔任外務大臣時所推動的外交政策，就是鼓勵外務省透過漫畫、動畫片、音樂等產品，進一步行銷日本。香港媒體更直接稱他為御宅族，他也曾被人發現在機場看漫畫《薔薇少女》，因而獲得「薔薇麻生」(ローゼン麻生)的綽號。在二〇〇七年國際漫畫獎的典禮中，這位薔薇麻生還大方地表白：「其實外務大臣都是動漫迷！」

後來，他一上任首相，ACG產業的股價應聲上漲，可謂御宅首相。

宅事業：不出門也能賺錢

人人都有宅基因，人人都可能成為阿宅。現在你應該相信了吧！那麼，我們接著要回過頭來談**宅經濟**。

宅經濟就是「以御宅族為主體的經濟活動」。簡單來說，御宅族的生產與消費方式，正是宅經濟所要探討的範圍。

針對御宅族的消費模式、行銷方法等等，野村綜合研究所的報告寫得很完整，我們將在後面的攻略中和大家討論其中幾個重點。然而，在這個經濟衰退、失業率節節攀升的時節，更重要的是要知道怎麼賺到錢、怎麼維持自己的生活。因此，本書的重點在於把御宅族當作生產者，以及事業經營者，教大家如何**不出門也能賺錢**，按部就班，創造自己的**宅事業**。

事業，白話來說就是生意。根據教育部國語辭典的定義，生意有兩個意思：一，生命力、生長發育的活力。元・官大用・范張雞黍・第一折：「陰陽運，萬物紛紛，生意無窮

盡。」第二個意思是商賈交易、買賣。西遊記・第一回：「假若我與你去了，卻不誤了我的生意？老母何人奉養？」這兩層意思其實是互通的，買賣是用來維持生計，而生意講究活力，一盤好生意會讓你覺得生機無限，活力無窮。

從事任何生意之前，首要之務是評估，先搞清楚這一門生意究竟有沒有搞頭，有沒有活力！但要怎麼評估呢？BCG？五力分析？如果你會的話就用吧。

如果你不會那些聽起來很專業的評估方法，你也可以這麼想：天底下生意萬萬種，但嚴格講起來只有兩個訣竅：**買低賣高**、**創造價值**。

買低賣高：買到便宜、價格低的東西，然後用比較高的價錢賣出去。

創造價值：靠自己的能力（勞力、智力、創造力等等），把價值低的東西變成價值高；或者提供有價值、能滿足別人的服務。

按照這兩個標準，我們將本書要討論的六大類宅事業列表如下：

★星號愈多，代表該項能力的程度愈高。第一欄表示價值創造的多寡；第二欄表示事業買低賣高的能力有多強；第三欄困難度的★愈多，代表經營該項事業愈困難。要特別說明的是，難易度只是用來讓你對建立事業的「過程」有個概念，而不是代表「結果」，而且評斷較為主觀。

最後一欄是事業的前景，也就是「錢」啦！在本書中，會很務實地談到錢。所以很多$代表有可能賺大錢；$很少的，表示發財很難，但餬口沒問題。

接下來，要分析各項宅事業所需的資源，包括**資本**、**人脈**、**時間**；而在圖的另一邊，則是事業成功的三項關鍵要素：**努力**、

宅事業	價值創造	買低賣高	困難度	前（錢）景
宅創作	★★★★☆	☆☆☆☆☆	★★★☆☆	$$$
宅交易	☆☆☆☆☆	★★★★★	★★★★☆	$$$$$
宅代工	★★☆☆☆	★★☆☆☆	★★★☆☆	$$
吃公家	☆☆☆☆☆	★☆☆☆☆	★☆☆☆☆	$
網路創業	★★★★☆	★★★★☆	★★★★★	$$$$$
搶攻御宅族	★★★★★	★★☆☆☆	★★★☆☆	$$$$

宅事業的本質、困難度與前（錢）景

天賦、運氣。

當然，由於每一類宅事業又可分為許多更小的類別，資源需求程度自然會有些許差異。此外，本書只談宅事業，也就是不出門也能賺錢的事業，排除了各種店鋪行銷、微型創業、直銷等需要與人面對面互動的生意。最後，在執行之前，請務必先確定自己擁有以下提到的這些宅技能。

宅技能

生意的本質就是「與他人互動和交易」，如果你只想宅在家裡，不想與人面對

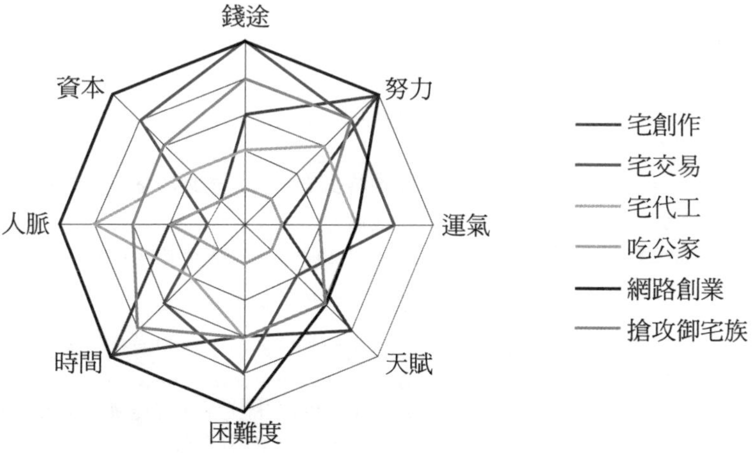

宅事業可行性分析（資源與成功要素）

面互動，那麼你勢必得學會（精通）一些基本通訊工具與技術，可以與他人進行遠距溝通，甚至做生意。其中，最基本的就是要懂得操作電腦和網路功能。在此提供一些簡單、不花錢的訓練方法。天下沒有白吃的午餐，如果你不願意花精神學習，宅事業並不適合你。

準備好這些基本技能，就能開始宅事業的攻略大計！

技能	心智需求	簡單不花錢的訓練方法
電腦打字，每分鐘20字以上	IQ: 0	每天抽一張報紙，全部打一遍，連續一個月。
上網	IQ: 10	每天瀏覽10個網站、部落格。
收發電子郵件	IQ: 50	建立親友郵件清單，每天給他們寫封信。
用Google搜尋資訊	IQ: 50	把這本書中列出的關鍵字，全用Google查一次。
MSN、手機簡訊、Skype網路電話	IQ: 0	盡量保持上線、開機。
信賴網路交易	IQ: 100	• 在網路上買幾本《宅經濟全攻略》送給阿宅朋友。 • 只在有品牌信用的網站買賣。
經營網路社群	IQ:100 EQ:100	• 建立部落格：部落格網站多是免費的，要收費的你就別用。入門者選擇簡單操作的就行，如：無名、新浪、痞客邦。 • 每週至少PO一篇文章，若能每天更好。 • 對待網友要有耐心和愛心。

宅事業基本技能

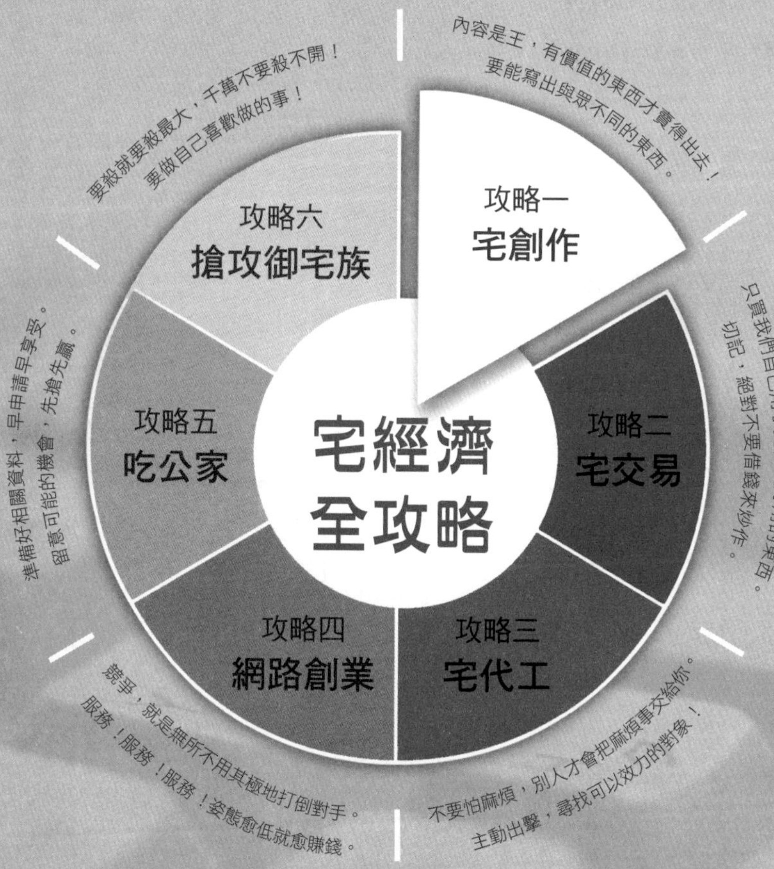
宅經濟
全攻略
攻略一
宅創作
內容是王，有價值的東西才賣得出去！
要能寫出與眾不同的東西。
攻略二
宅交易
只買我們自己用了覺得很好用的東西。
切記，絕對不要借錢來炒作。
攻略三
宅代工
不要怕麻煩，別人才會把麻煩事交給你。
主動出擊，尋找可以效力的對象！
攻略四
網路創業
競爭，就是無所不用其極地打倒對手。
服務！服務！服務！姿態愈低就愈賺錢。
攻略五
吃公家
準備好相關資料，早申請早享受。
留意可能的機會，先搶先贏。
攻略六
搶攻御宅族
要殺就要殺最大，千萬不要殺不開！
要做自己喜歡做的事！

認真說起來，窩在家裡創作可以算是最古老的事業之一。

最早的時候，原始人類為了躲避猛獸的攻擊而藏身洞穴中，閒來無事拿起鑿子就在石壁上刻刻畫畫，把生活經驗以看圖說故事的型態傳承下去。後來，有人想到捏塑陶土時可以順便多做一點，把陶器拿去和別人交換生活所需。這就是宅創作的起源。

要列舉人類歷史上這一行的傑出人物，真是數也數不盡。幾乎所有的藝術家，無論是詩人、小說家、畫家、雕刻家、音樂家……都榜上有名。

當然，我們不是要教你如何從事藝術創作，本章要談的是如何窩在家裡不出門，也

能寫文章、畫圖、攝影……創作各式各樣的「**內容**」，然後用「**有利可圖**」的方式發表出去，賺點錢養活自己。

概論：創作的基本流程

第一步 發掘自己

在走進創作的世界之前，你得先發掘自己會做些什麼？要進行哪種形式的創作？一般來說，從自己喜歡的類型下手比較保險：如果你喜歡讀武俠小說，就試著動筆寫寫看；如果你喜歡看漫畫，試著自己動手畫畫看；如果你喜歡上網看美女圖，試著自己拍看看……若是你第一次嘗試就做得很好，證明你很有天分，值得繼續努力。若是第一次做不好也不打緊，就當作是玩玩吧。最重要的是，你得注意在玩的時候，能不能玩出些火花來——能夠專注地投入，沉浸在「流」的經驗中，渾然不覺

創作流程圖

時光飛逝。如果你有這種體驗的話，那麼你很可能適合宅創作！

第二步　學習創作

每種形式的創作都有固定的方法（公式），還有固定的規範（行規），你必須先學會這些，才有機會入行。比如說，寫小說有公式（後面的案例中，將請到達人來解說）、畫插畫也有密技、照相也有取景的學問。你得作研究，花點時間和精力把這套公式學起來。另外，每個領域也有基本行規得熟悉。現在資訊發達，上網搜尋或買書來讀，都可以很容易接觸到你想要了解的學問。

第三步　創作

「Just do it!」動手去做。練習是最重要的步驟，實際操作才有成功的可能，光說不練是大部分阿宅的致命傷。

第四步　發表

把你的作品和閱聽人**連結**起來，讓別人知道你寫了什麼，或做了什麼東西，唯有如

宅創作可行性分析

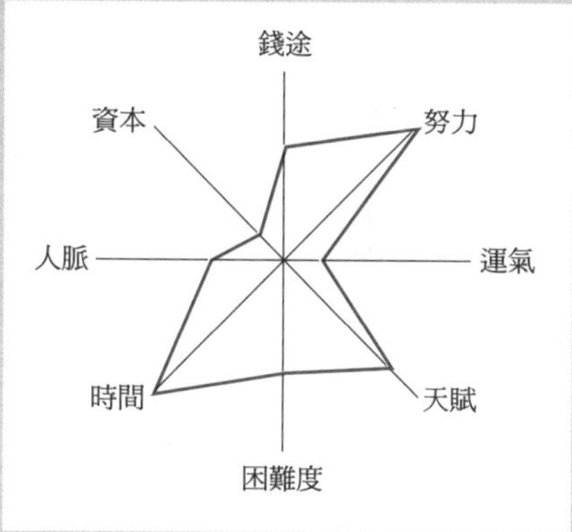

從上圖中我們可以看到，從事宅創作幾乎不需要資金，你只要有一台個人電腦就行了；創作也不太需要人脈關係，因為「作品本身通常會替你說話，還會幫你交朋友」，也因此，運氣成分不大，因為作品的好壞很重要。然而，這項工作卻需要投入很多的時間，而且不可諱言地，從事創作需要天份，更需要百分百的努力。

宅創作的進入門檻較低，困難程度中等，而且縱使失敗了，頂多只是浪費自己的時間，更何況，把時間花在練習創作和尋找機會上，總比拿來打電動要有價值多了。

最後，雖然創作可以讓你溫飽，但要賺到嚇死人的財富很難，畢竟像J.K.羅琳、丹布朗、史蒂芬金這種一書成名的人不多，所以錢途頂多算是中等，更多時候可能還比不上上班族。

此，創作才算完成。

第五步—服務

很多創作者都忘了有所謂售後服務這回事，它是宅創作能否永續經營的關鍵。當然，世界上是有幾個單靠一部作品就能吃一輩子的人，好比哈利波特的創造者J. K.羅琳。但大部分的阿宅可沒有這位宅媽那麼順利，切記，消費者是你的衣食父母，要好好服務他們。

立即上手：了解內容產業

內容，指美術（如繪畫、雕塑、造型）、文學（如小說、散文、新聞、書籍）、音樂（如歌唱、演奏、廣播）、卡通漫畫、電影電視、電腦軟體等等以資訊（Information）為主要構成的產品類型。與其相對應的，就是「以創造及銷售內容」來賺錢的產業，可參見下表所列行業。

視覺藝術產業	凡從事繪畫、雕塑及其他藝術品的創作、藝術品的拍賣零售、畫廊、藝術品展覽、藝術經紀代理、藝術品的公證鑑價、藝術品的修復等行業均屬之。
音樂與表演藝術產業	凡從事戲劇（劇本創作、戲劇訓練、表演）、音樂的現場表演及作詞作曲、表演服裝設計與製作、表演造形設計、表演舞台燈光設計、表演場地（大型劇院、小型劇院、音樂廳、露天舞台等）、表演設施經營管理（劇院、音樂廳、露天廣場等）、表演藝術經紀代理、表演藝術硬體服務（道具製作與管理、舞台搭設、燈光設備、音響工程等）、藝術節經營等行業均屬之。
文化展演產業	凡從事美術館、博物館、藝術村等行業均屬之。
電影產業	凡從事電影片創作、發行映演，以及電影周邊產製服務等行業均屬之。
廣播電視產業	凡從事無線電、有線電、衛星廣播、電視經營及節目製作、供應之行業均屬之。
出版產業	凡從事新聞、雜誌（期刊）、書籍、唱片、錄音帶、電腦軟體等具有著作權商品發行之行業均屬之。
廣告產業	凡從事各種媒體宣傳物之設計、繪製、攝影、模型、製作及裝置等行業均屬之。
數位娛樂產業	凡從事數位休閒娛樂設備、環境生態休閒服務及社會生活休閒服務之行業均屬之。數位休閒娛樂設備——3DVR設備、運動機台、格鬥競賽機台、動感電影院設備等。環境生態休閒服務、數位多媒體主題園區、動畫電影場景主題園區、博物展覽館等。社會生活休閒服務、商場數位娛樂中心、社區數位娛樂中心、網路咖啡廳、親子娛樂學習中心、安親班／學校等。

內容產業列表

大部分的內容產品都是「附著在實體媒介的複合產物」，比如說你在書店裡買到的小說，是把**無形**的故事印在**有形**的紙張上的複合物；畫作是把**無形**的人物風景畫在**有形**的畫布上；CD是把**無形**的歌曲燒錄到**有形**的光碟片上。有趣的是，這種複合物的製造成本主要來自於有形的部分；而價值卻是來自無形的部分，也就是內容。由於數位科技進步，內容本身很容易被複製，也就是盜版，因此，販賣內容的時候，通常就把它和比較不容易被複製的「媒介」綁在一起。

生產內容比較不需要有形的成本，而製造媒介（也就是銷售的實體東西）則需要比較多的資金設備，所以這兩個角色自然形成專業分工，生產歸生產，銷售歸銷售，這是內容產業很特殊的「**三段式結構**」。舉例來說，書籍要出版得先經過出版社的編輯；畫作要銷售得先進得了畫廊

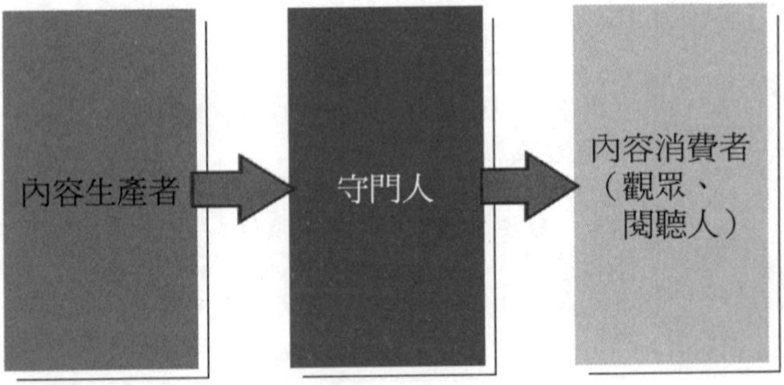

內容產業三段式結構

為什麼叫守門人（gate keeper）？

我們把創造及銷售內容的產業稱為守門人，因為他們有個重要任務，就是幫消費者篩選出好的內容。在這個資訊爆炸的時代，如果沒有專人把各式各樣的資訊過濾一番，消費者要全部消化根本不可能。這也造成守門人與創作者的潛在角色衝突——一個拚命想讓消費者看到自己的作品；一個負責阻擋不好的作品進入市場。然而，作品欣賞往往有強烈的主觀性，建議阿宅們，若作品被拒絕，換個守門人試試看。

展場；搞綜藝節目得先由電視台審查……這些都是標準的三段式結構。

回到商品的本質來看，「**內容是王**」，商品的大部分價值來自於內容，所以應該把努力的重點放在提升內容的品質。不過所謂的「**好**」作品，其實有很強烈的主觀性，一個人的垃圾可能是另一個人的寶，用管理術語來說：標準訂不出來，怎麼要求品質呢？

所以在創作時，不妨這樣思考：什麼樣的作品比較容易通過守門人那一關？

守門人的專業就是篩檢作品，整天都在看作品。你可以想像那個情境：昏黃的燈光、身後破舊的書櫃、上千封電子郵件、未完成的稿件淹沒書桌……什麼樣的東西會讓他們眼睛一亮？

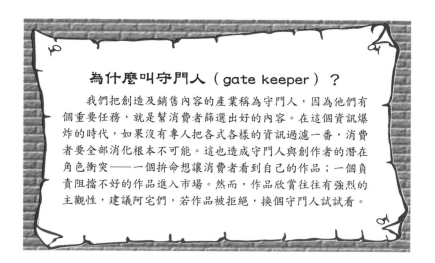

新的東西，與眾不同的東西，創新的東西！

BJ宅智慧：新的不一定好，但不新的一定不好！

抄襲模仿在創作這一行沒有意義，縱使讓你成功了一次，第二次也很難。道理很簡單，如果消費者想要看村上春樹的作品，就直接去看村上春樹就好了，幹嘛要看檸檬樹或橘子樹？雖然新的東西不一定代表品質比較好，但確實比較容易引起守門人的注目，對消費者來說也是一樣。藝術大師安迪·沃荷說：「每個人都有十五分鐘的成名機會！」在這個資訊超載的時代，想出名一定要創新，也得更瘋狂刺激才行！

攻略：宅寫作

網路作家是近年來御宅族中最耀眼的一群，自從痞子蔡、藤井樹、九把刀等人開拓出這片好天地之後，新興創作者風起雲湧，紛紛投入創作世界。他們的特徵是能夠掌握社會脈動，創意猶如發不完的暗器，專攻笑穴、哭穴、發情穴……征服廣大讀者的心，也為自己創造可觀的財富。

宅寫作的工作流程如下：

第一步　大量閱讀

大量閱讀包含「精讀」和「雜讀」。

所謂精讀是指，對於所欲寫作的領域，必須**深入**認識該領域所有重要的書籍和作者，對於經典作品最好能夠寫寫眉批和摘要心得。

而雜讀則是指，廣泛涉獵不同領域的知識，主要的目標有四：一、讓你能夠快速抓到文章的重點；二、讓你學會清楚表達自己的想法；三、學會維持邏

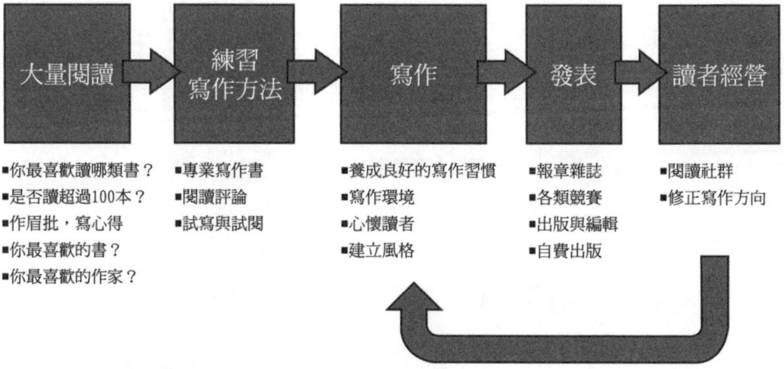

宅寫作流程圖

輯的一致性；四、最重要的，得到源源不絕的靈感。

BJ宅智慧：「傲慢」是新手最嚴重的問題，想寫書卻又不想讀書，萬萬不可。知己知彼，才能百戰百勝。

第二步　練習寫作方法

各個領域都有些專業寫作書，還有專門的評論文章，一定要找來參考一下。看完以後，立刻動手練習。有些作家會建議寫作新手，在作品完成以前，不要讓人試閱。但如果你自覺可以忍受批評，那就這麼做吧。不過建議你找個誠實可靠、臭氣相投的朋友看看，就算對方只是說了句「還不錯」，也許都可以激起你繼續創作的勇氣。

第三步　寫作

寫、寫、寫，不停地寫。養成良好的寫作習慣，為自己設定目標，每天最起碼要完成多少字，沒完成就不准離開書桌。此外，良好的寫作環境是必要的，最起碼要能夠讓你安靜不受打擾（丟掉手機、移除MSN、拔掉網路線）。然後，心懷讀者而寫，舉例來說，本書寫作時，螢幕上貼著一個邋遢的阿宅，目光渙散、滿是鬍渣、嚴重的黑眼圈……懷著想要把這樣的人超拔出地獄的念頭，終使本書得以完成。

還有一點很重要，**要建立起自己的寫作風格！**

第四步 發表

前面提過，作品必須被讀者接受才算成立。放在抽屜或存在硬碟裡孤芳自賞的文字，不算作品。所以在作品完成後，要努力尋找發表的管道：報章雜誌刊登、參加比賽、投稿到出版社，或自己花點錢把作品印出來吧！

當然，你也可以把文章發表在部落格上，或把創作放在網路中供人欣賞……直接接觸到消費者。但是，這些方法沒有辦法保證創作者可以收到錢。

第五步 讀者經營

如果你真的能闖過「發表」這一關，你的作品就一定會有人看到，那麼，這一群讀者就成了你的衣食父母，要好好服務他們。

在自己的能力範圍內，盡量滿足讀者的需求。ＭＬＢ巨星鐵人瑞普肯，曾經創造連續十八年從未缺賽的紀錄，但更令人佩服的是，每一場球賽結束後，他一定站在球場旁幫球迷簽名，直到所有的人都滿足地離開為止！

接下來，我們來看看幾類比較有利可圖的創作領域：

類型小說

Step 1 大量閱讀	Step 2 練習寫作方法	Step 3 寫作	Step 4 發表	Step 5 讀者經營
・快速抓到文章重點。 ・學會清楚表達自己的想法。 ・維持邏輯的一致性。 ・尋找源源不絕的靈感。	・參考各領域的專業寫作書籍和評論文章。 ・勇往直前。	・有紀律地寫作。 ・風格的養成。	・報章雜誌刊登。 ・參加比賽。 ・投稿到出版社。 ・自己花錢出版。	在能力範圍內，盡量滿足讀者的需求。

寫作流程對應要訣

攻略要點：要能寫出與眾不同的東西。

再怎麼難過，日子還是要過，在繁忙的工作中，娛樂總是需要的。因此，無論時代更迭、景氣好壞，以娛樂讀者為目的「**類型小說**」，始終有其市場。若依銷售概況來排名的話，目前書市上受歡迎的類型小說依序是：言情小說、恐怖驚悚小說、奇幻小說、推理小說、武俠小說等等。當然，偶爾會有個別小說異軍突起。

言情小說是永不退潮流的類型，也可以說是類型小說中永遠的王者。其內容主要是以描述男女情愛為主（近年來也有男男、女女，不過比例較少）。依內容的「火辣」程度，又可分為「純愛」（不辣，校園愛情小說）、「性愛」（小辣至中辣，有身體接觸、性愛描寫）、「滾書」（大辣，男女主角從頭滾到尾）等等，各針對不同的讀者群。舉例來說，描寫純純之愛的校園愛

創作領域	主要類型	綜合發展性
類型小說寫作	言情、恐怖、驚悚、奇幻、推理、武俠	★★★★☆
專業書籍寫作	人文科普、專業用書、教科書、參考書	★★★★☆
獎金獵人	角逐各類寫作獎項	★★☆☆☆
文案寫手	受託寫作廣告文案、評論、推介	★★★☆☆
純文藝	詩人、小說家、散文家	★☆☆☆☆

寫作類型

情小說，主要的讀者是青少年。而性愛小說則是針對家庭主婦、熟女出手；滾書的讀者反而以男性居多。

現今的書市，淘汰速度很快。也就是說，新手要進入市場相對容易，但真的要存活下來則很困難。通常大牌作者已經有一群死忠的書迷，大者恆大，所以出版社會與其簽長約，確定貨源；然而，如果作品長時間不再有新創意，被淘汰的機率也是有的。小作者就得逐本尋找出版機會，有時甚

為什麼要用火辣程度分類？

在台灣，各類言情小說的「通路與行銷」方式不同。純愛小說、校園愛情小說主要經由一般書店來販售。它和多數專業書籍一樣，作者是透過抽取版稅來獲利，版稅率大約是定價的百分之十到十五，銷售量愈多，版稅率愈高。像痞子蔡、藤井樹這樣的高手，銷售量可能破百萬，算一算，三十歲出頭就能擠身千萬富豪的行列！

其他類型的言情小說，或稱羅曼史，多以租書店為主要通路，每次租出大概收二十元。尺寸較輕薄（限制級會加封套），定價也通常較低，約一百五十元左右為主。標準樣貌是封面會有俊男美女的圖像（附帶一提，這種封面繪圖每一幅的標準行情約三千元，有能力繪製的阿宅也可以嘗試）。目前台灣有三、四間大型的羅曼史小說出版社，每月固定出書約三十本左右（一天一本！），版權大都採買斷的方式，出版社付作者一筆固定的錢（一至六萬），之後不管賣出幾本，作者都不會再收到錢。

至連自己的筆名都無法出現在封面上。

恐怖、**驚悚**、**奇幻**、**推理**、**武俠**等類型小說的讀者都很固定，而且大師作者占據主要的市場地位。恐怖大師史蒂芬金；奇幻的托爾金、J.K.羅琳；推理的克莉絲蒂、卜洛克；武俠的金庸、古龍——這些著名大師的作品，銷售量嚇死人，例如推理天后克莉絲蒂的作品，聽說全球銷量已經達四十幾億本，但新作家的作品銷量卻很難有突出的表現，能賺到的錢也不多。

日本著名作家村上龍先生曾經說：「當作家的條件只有一個，那就是是否對社會或是對特定的某個人，擁有必須傳達且有價值的訊息。擁有必須傳達且有價值的訊息，而且除了當作家之外已經沒有別的路可以走了；當你真的這樣想的時候，再成為作家不遲。」

BJ宅智慧：內容是王，有價值的東西才賣得出去！

從網路發聲的小說！

還有一種創作管道，相信御宅一族都知道。現在人流行用網路寫日記，或在網路上發表心情感想。許多人寫著寫著，累積了很高的網路人氣，也引來出版社的注意，例如近年備受矚目的彎彎、女王等等。

另外，由於網路創作平台的開展，而有網路小說的出現，所謂網路小說，就是作品已經在網路上發表，再經由出版社發掘而做圖書的出版，名作家藤井樹就是一個很好的例子，當初他的《我們不結婚好嗎？》就是在網路中流傳紅翻天，吸引出版社的注目，出版後一戰成名！

不同於傳統寫作、投稿的方式，網路小說常常挾網路人氣，引來出版社的青睞。建議阿宅們，在創作時也可以多方嘗試傳播管道，像BBS、部落格，或幾個比較大的創作發表平台，如優仕網、鮮網、台灣論壇等等，都可以去試試。

這段話有兩個重點。第一，作家是最後一種職業選擇，是萬不得已的選擇。因為幾乎每個人都能拿起筆寫些東西，並不是非你不可，所以競爭者眾，要存活也難。第二，「對社會或是對特定的某個人，擁有必須傳達且有價值的訊息。」這就是前面說的，「內容是王」，你一定要能寫出一些與眾不同的東西，而且確實能感動讀者。

專業書籍

攻略要點：抓住議題性，結合本身專長。

各種專業書籍的寫作，包括專業用書、教科書、參考書等等，多是作者結合自己的專業，著書立說，內容範圍很廣。如果你「有什麼話想說」，可以透過人脈介紹（成功率較高），或者直接向出版社投稿、送寫作計畫（成功率較低）。在此附上當初本書提交出版社審查時，所列的寫作計畫作為參考範例：

《宅經濟全攻略》寫作計畫

經濟不景氣，裁員減薪無薪假接踵而來，「宅」經濟正當紅。宅經濟是怎麼一回事？有什麼方法可以宅在家裡，還能求得溫飽，甚至創出一番事業？本書將以輕鬆幽默的筆調，從現象觀察引入原理原則，並就宅經濟的九大實務，提出明確可行的從業指引，讓你一步步照著作，就能在宅經濟中傲笑江湖！

Executive Summary：

- 通訊科技進步、社會形態改變，御宅族人口急速增加。保守估計，在台灣已有超過三百萬的御宅族。
- 二〇〇九年台灣失業人口將（已）破百萬的預測！
- 如何「不出門也能賺錢」成為人人心中「不能說的願望」。

本書起始由現象觀察破題，引入創業（新）管理與相關經濟理論，然後說明宅經濟實務，圖文並重，一步步指引有志從業人士入門，只要照著做，就能獲得成功。

本書賣點：

- 宅經濟實務攻略：一步步照著做，就能搞成自己的宅事業！
- 像打電動一樣：作法簡單明瞭。各項實務都有圖文操作說明，並標示所需「資源」（錢、人脈、運氣、網站等）以及「難度」，並提供諮詢解決之道。
- 專攻阿宅心理：不用和人應酬，自食其力不用變成寄生蟲。
- 潛在讀者廣：不只御宅族，退休人士第二春、家庭主婦再就業、高學歷高失業者、上班族兼差賺外快……全都用得上。

目錄（略）

宅經濟實務（略）

寫作計畫中要有幾個重點：

第一、你是誰？為何有足夠的專業寫這本書？

第二、用一百字以內的簡介，說明你的想法。

第三、為什麼要寫這本書？

第四、這本書的賣點為何？想賣給誰？

第五、大綱

細心的讀者也許會發現，最後的成書內容和企畫內容好像不太一樣。沒錯，要記住，內容產業有「雜色團隊」的特性：任何一個計畫的完成，不僅僅是作者一個人的努力，還有編輯、美編、通路、行銷等各式各樣的人參與，是集合眾人智慧的結果。所以，最後的樣貌必定與原始計畫有所不同。

依目前的趨勢，健康養生、算命占卜、商業理財、電腦科技這些專業書籍較受市場的歡迎。如果能抓到議題性，比如八卦、犯罪、名人，那麼一炮而紅，變成暢銷作者也不是不可能。你如果有相關專長，不妨一試。

另外，大型出版社也會有專門人員負責挖掘新作者，如果你在某方面的造詣不錯，常常在報章雜誌或部落格發表專業意見，並受到肯定，他們也會找上門來。畢竟，內容產業是被「創新」所推動的，一直有新人和新觀點注入，才會產生源源不絕的活力。

以上兩類的創作，是以與出版社合作出書為主要的收入方式。接著要介紹的是收入和機會比較零散的寫作方式。

獎金獵人

攻略要點：搞清楚評審的胃口。

文壇上有一群人，叫做「獎金獵人」——他們有點像美國專門逮捕逃犯領賞金的地下偵探，生活也大概那麼刺激。他們或專職或兼職，針對各種寫作獎項來寫作，領取獎金過生活。如果你也想拚拚看，下表列有國內比較重要（獎金較高）的寫作獎項：

比賽名稱	最高獎金	不知不可
九歌兩百萬小說獎	2,000,000	文藝，非通俗。只辦一次，首次從缺延長，2010/6截稿。
皇冠大眾小說百萬大賞	1,000,000	強調可讀性，目前已停辦。
溫世仁武俠小說百萬大賞	1,000,000	只收「武俠」，要打要殺，是目前經常性比賽中獎額最高者。
台灣文學獎	1,000,000	今年第一屆，攻略不詳。非匿名審查。
林榮三文學獎	500,000	愛台灣啦！
教育部文藝創作獎	150,000	限教師、學生參加。非匿名審查。
時報文學獎	160,000	要有文學性。
聯合報文學獎	150,000	要有文學性。
倪匡科幻獎	250,000	首獎已從缺數屆，原因不明。
新聞局優良電影劇本	300,000	大部分都是固定幾個圈內人在寫，非匿名審查。
各縣市文學獎	180,000	多限制該縣市居民或相關地方主題，有些非匿名審查。
梁實秋文學獎	150,000	翻譯獎項。
懷恩文學獎	120,000	書寫感人善行善念，彰顯人性的溫暖。
信誼幼兒文學獎	200,000	獎勵幼兒文學創作。
台灣角川輕小說暨插畫大賞	300,000	要有圖文能力。
Benq真善美數位感動創意大賽	300,000	要能拍照或數位美編。

國內重要寫作獎項

最高獎金在十萬（含）以下的比賽很多，只有獎品沒獎金的比賽更多，如果你都有興趣，可以上網查詢。

當然，藝術作品的好壞，評價隨人而異，因此，了解評審的角度和眼光很重要。作品不對評審胃口，再好也是枉然。如果你想拿獎，務必把該獎項之前的得獎作品都瀏覽一遍，最好把歷屆評審的意見也都讀過，看看這個獎項是講究文字技巧呢？還是講究通俗可讀？是應該講道理呢？還是要說故事……先弄清楚，就不會把時間浪費在不對的項目上。最後，務必先做好一番心理建設：比賽這種事，「天要下雨、娘要嫁人」，由不得人。努力了但沒得獎也別太難過。此外，若你想將獎金當成固定收入，不太可能。

文案寫手

攻略要點：觀點獨到，寫作有條理。

這種文章的形式很多，包括專欄、專題、報導、評論、推介、廣告等等。一般的行情價大約是每字一至兩元，寫得愈多，賺得愈多。然而，要成為這類的寫手，首先，你得要對某個專業領域有所了解且觀點獨特，文筆也不能太差。

網路行銷盛行，常有廠商推出產品時，會主動邀請社群中一些具有影響力的人士來撰寫廣告文案，或許是以部落格專文推薦的方式，或許是請你在某些網站上發表文章，方式不一，這時廠商會支付一筆小小的費用當作廣告費，通常不多，鮮少聽到有超過萬元的例子；更多的時候只是給寫作者試用品或小禮物。也就是說，文案寫作收入不高。

如果想要掌握更多的自由和主動性，可以考慮投稿報紙的論壇、副刊，或回應各類雜誌的稿件徵求。一般而言，大型的媒體或出版集團的徵稿都會給稿費。而依難度而言，報紙的民意論壇算是最簡單的入門，因為它所標榜的是「傾聽民眾的聲音」，也就是外行人的聲音，所以只要練習把你的觀點有條理地寫出來就行了。

雖然文案寫手可以要寫什麼就寫什麼，但代價是你的稿件必須與眾多競爭者競爭，若不對編輯的味口或版面原則，經歷退稿的痛苦是必然的。ＢＪ自己就收到過好幾打的退稿信，有的寫得文情並茂，有的連名字都懶得填。更多的時候，稿件就如石沉大海，毫無回音。

在這裡要和有志從事投稿寫作的阿宅們分享的是，既然你想嘗試創作，就要對退稿這件事泰然處之。就好比想當大廚一定要經歷被菜刀割破手、被油鍋燙破皮的歷程一樣。若一被退稿就放棄，那就輸了，不如拿退稿信惕勵自己，相信總有一天會贏的。

其他寫作類型

編劇：為電影、電視、舞台劇等編寫劇本。但由於台灣的「推案量」很少，縱使有，也多為圈內人所把持，新手實在沒有太多的機會。如果心中真的有故事想說，建議可以先從媒體整合程度較低的小說開始嘗試。等到有一定把握，再參加新聞局、文建會、教育部或其他民間機構主辦的劇本徵求比賽，打出知名度和品質認可後，比較有機會入行。

純網路寫作：不少人會利用網路發表自己的作品。有的人是想推廣專業知識；有的人想幫助網友解決疑難雜症；有的則是要滿足自己的表現慾。近來雖有各種的網路內容付費機制、微付款機制，可以讓作者收取費用，但還沒有人真的從販賣內容中賺到錢，包括暢銷天王史蒂芬金都鎩羽而歸，不建議嘗試。

攻略：多媒體創作

除了文字以外，當然還可以運用其他的媒材形式進行宅創作，如圖形影像、視訊、聲音等等。

圖文創作

攻略要點：創作不要怕被別人看到，敢秀就會紅。

宅在家裡搞圖文創作，最有名的例子莫過彎彎小姐了。她的「彎彎的塗鴉日記」部落格，原本只是抒發心情，與親友分享的圖畫日記。但由於主題平易近人，加上如天兵般的有趣言行，並透過充滿娛樂效果的漫畫筆觸表現，意外得到廣大迴響，點閱人次突破一億。然而這一億人次的知名度本身並沒有直接「變成錢」，而是繞個彎，用其他的方式，讓彎彎賺到驚人的財富。

她在二〇〇五年十一月出版第一本書《可不可以不要上班》，銷售突破十萬本，成為出版界的奇蹟，同時引發了一股部落格作家出書潮。接著她再接再厲，三年內出版三本書，累積五十萬本的驚人成績。如果用行情試算一下，年紀輕輕的她最起碼已有千萬身價。

接下來，由於在阿宅之間的高知名度，她被廣告商相中，拍攝一系列的電視廣告，又結合藝人的文字出版圖文書，帶動無限商機。除了收入暴增，知名度更進一步上升，成為台灣部落格小天后。這就是完美的財富累積「**正向循環**」，愈有名就愈賺錢，愈賺錢又愈有名。

最近還有一位以「兔斯基」MSN表情符號在網路上成名的王卯卯小姐，也正準備循著這條路徑向前進攻，祝她成功！如果你也想試試看，必須把握四個原則：

1 妳最好是個漂亮的小女生，或至少看起來不討人厭。不要懷疑，不要講女權主義，男女在網路上受歡迎的程度，相差何止幾十倍！

2 掌握現代人苦悶的心理，搞些輕鬆愉快的話題。

不要害怕表現自己，這個時代，敢秀就會紅。（紅多久又是另外一回事了！）

34

網路創作本身是賺不到錢的，別怕免費讓人看，如果東西夠好，你一定能從其他地方得到回報。

其他媒體形式

攝影師：根據村上龍大師的說法：「攝影師是指照相後，能以販售作品維生的人。」國外的媒體會接受獨立攝影師的稿件，如專門的報導通訊、風景照片、人物照片（狗仔隊），並依照片的媒體價值，給予相當的報酬。但台灣的媒體大都有自家的攝影人員，要在家工作，靠販售自己的攝影作品維生，實在不太容易。

作曲編曲：如果你有音樂專長，可以試著為電視劇、電影編寫主題曲，或為流行歌手編寫歌曲。然而，說實在的，這方面的工作機會並不多。想從事這個工作，以電腦進行樂曲製作的能力是必要的，現在業界幾乎沒有人用手寫作品了。你最好投資自己，去上一些專門的課程才行。

漫畫：想畫、愛畫、能畫的人，去日本吧！不要考慮了。

電影電視：靠自己一個人搞不來的，不可能成為宅事業。

宅創作的紀律

宅在家裡創作，沒有人管得到你，看起來很自由。但如果想成功的話，宅創作反而是最不自由的，因為說到底，你得自己管自己，不斷地修練，才能創作出好的作品。名作家村上龍在《工作大未來》一書中，提到過他的合作夥伴濱野小姐的故事：

……因為有出版時間上的緊迫壓力，當時，濱野窩在暖爐桌下，一天持續畫了十六個小時以上；累了就這樣睡著，醒來再繼續畫，這樣的生活似乎了持續兩個月以上。……那時，與我同行的主編跟我說，濱野能被我相中，真是非常幸運。我回答說，這並非幸運……因為整天拿著畫筆作畫，所以手指頭都腫起來了。一年有八千七百六十個小時，其中濱野大概有六千個小時都在作畫吧。

一年花六千個小時在創作！算一算，平均每天超過十六個小時，也就是說，扣除睡覺吃飯上廁所的時間，其他全都在創作。你做得到嗎？

案例 艾珈：著作等身的羅曼史作家

主角介紹

部落格：「夜色」http://blog.sina.com.tw/su1977/

艾珈小姐是現年三十出頭的單親媽媽，有兩個可愛的小孩。自離婚以後開始從事宅創作，專寫羅曼史小說，偶爾也參加一些文藝獎項。截至目前為止，她創作的文字量已經超過三百萬字，出版過三十多本書，詳細數字連她自己也忘了。在該類型小說的暢銷排行榜上，經常有五部以上的著作排名在前一百名。

她不願透露月收入，但收入可以維持一家三口的生活，包括兩個小孩的安親班和補習費。喜歡讀書的她正在努力存錢，準備退休後開一家專擺她喜歡的書的怪書店。

入行原由

為什麼會走上創作這條路，得從艾珈小時候說起。她本身接觸小說的時間頗早，七歲就會偷看姊姊書包裡的《紫貝殼》。上了國中，有了學生證，開始到租書店借書看書，就這樣一路看到結婚生子。

懷孕時，因孕吐無法外出工作，於是艾珈靈光一閃，心想，何不來寫本小說試試？雖然她謙稱幸運，但她的第一份稿子很順利地被出版。那時她才二十二歲。

不過她的寫作之路也曾遇上波折。二十六歲時，母親與丈夫相繼入院，出版社也因某些原因不再接受她的稿子，接著母親去世，然後又與丈夫離婚。那時她只好出門工作賺取生活費。但半年後，她發現自己還是最喜歡、也最適合在家工作，剛好出版社又給了新的機會，她便重新回到電腦前，一路寫作至今。

過來人的話：提醒所有想要加入寫作行列的人，固定寫作的工作跟業務員一樣，業績（銷售量）決定一切。稿子交出去之後，得立刻把自己的心態調整為零，繼續努力下一份稿子，月復一月，年復一年。想當個不會被潮流淘汰的作家，得要非常認真才行。

寫小說，最重要的就是尋找「創作靈感」。

入行初期，艾珈會閱讀其他作者的作品，從中尋找所謂的「創作靈感」。她也曾經很有條理地撰寫每一章的大綱、角色設定，工整地進行創作。但隨著時間過去，她發現自同類型的作品中搜尋到的靈感，非常容易重複，也就是俗稱的「老梗」。不是說老梗就不能用，前提是寫作能力要非常強——但她自認文筆不算特別優異，所以在尋找靈感這一點上，很自動地岔到別條路去。

文學、推理、科學、心理、商業、漫畫、流行雜誌、武俠、散文、詩詞、中國古典文學、西方文學，種種坊間能買到、借到的書，她都勤加閱讀、做筆記、寫心得。她表示：「不敢說我的靈感來源比其他作者來得豐富，但到目前為止，與別人撞『梗』的機會很少。我求的就是這一點『很少』。」

有了靈感，接著就是「**角色設定**」。艾珈曾在書後的感想中寫到，她是個有心虛癖的人，所以她會幫主角準備很多的資料。比方說，她曾經寫過一個自麻省理工學院畢業的男主角，為了描述他的特徵，她讀了《創意工廠MIT》，從他的臥房擺設、習慣穿著、說話口氣、喜歡上哪兒吃飯、開的車子的款式等等，都逐一揣摩講究。也許最後用進小說的不多，但有了這些設定準備，會讓她有一種「他是真人」的錯覺。**「我一直以為，只要角色『活起來』，一本書就不會難看（或難寫）到哪裡去。」**艾珈這麼說道。

第三，**「寫作一定長度」**。她給自己設定的期限，大概是三十個工作天完成一部十萬字的小說，所以在這三十個工作天裡，她每天都得坐在電腦前面四到五個小時，最少得寫上四千字。

過來人的話：羅曼史分章分段，一本書少說要有十章，加空格計算一共十萬字。一般作者（尤其是新進作者）大多會像我之前一樣，非常規矩地按照「起、承、轉、合」這四訣布局，把每一章可能會發生的事全部羅列出來，再填空似地把橋段補上。這是很安穩的寫法，但是還不夠。我後來摸索出，要讓小說生動，最好還是讓角色去帶領進度，也就是讓角色活起來。這一點通常可以讓我渡過所謂的「創作瓶頸」。

至於投稿方式，入行較久的作者，也許採用Email寄送稿子或直接與編輯連繫。但新進作者可能得上網查閱一下各大出版社（如狗屋、禾馬、飛田、新月等）的網頁，每一家出版社的規矩不盡相同，網頁上都有詳細說明。而投稿並不代表就會順利出書，中間可能還得經過修稿，甚至退稿等波折。修稿的祕訣無他，就是接受編輯的意見。順利的話，修稿完成，不久就可以看見小說出版了。

艾珈說：「我領悟到一點：編輯是我頭一個讀者。她的角色就跟所有讀者一樣（只是比較嚴格，會字斟句酌地檢視），如果我不能寫到讓編輯心服口服，那就是我的失敗。」

這一行的甘苦談

對艾珈來說，撰寫羅曼史小說最快樂的地方，就在於擁有一個專屬的地方，寫她想寫的角色。像吉川英治筆下的宮本武藏，《射雕英雄傳》裡的郭靖、黃蓉，《太王四神記》裡的秀芝妮，《水滸傳》裡的浪子燕青，每每讀到某個出色的角色，她就忍不住想用她自己的方式寫一寫。對她而言，能用自己的筆去熟悉接觸自己喜歡的角色，是非常過癮的事。

「或許我筆下的秀芝妮與燕青，在他人眼中，生動度贏不過本尊。但誰也沒辦法奪走我所創造出來的角色，他們就『生活』在我的書裡。這一點，讓我感到非常滿足。」

至於苦，說來就多了。

首先，**角色設定較僵硬**。羅曼史不比其他文類，擁有比較大的角色設定空間，它得符合一個前提，就是男強女（較）弱。

過來人的話：角色設定其實跟讀者喜好有關。雖然沒有實際做過調查，但根據艾珈自己往來租書店這麼多年的經驗，加上編輯提供的訊息，羅曼史的目標讀者，是十四歲以上、三十五歲以下女性。更小或年紀更長的讀者當然也不少，只是羅曼史的目標是在這個區塊上，而這些讀者的共同特色，就是對愛情充滿甜美的夢幻。

拿艾珈自己來說，她也喜歡學有專精、經濟能力穩定的男性，所以在撰寫小說時，通常不會拿錢囊窘困、工作能力不強的男性當主角。也許有人會說，這是對弱勢男性們的一種歧視，但就像男人也會希望自己的女朋友漂亮得像林志玲，胸部大得跟「殺很大」的瑤瑤一樣，如果作者不願符合讀者期待，就很難進入羅曼史這個領域。

網路上常看到讀者戲謔地說，台灣專出「總裁」。確實也是這樣，翻開坊間羅曼史小說，十本中有九本的男主角，職業都是每個月收入數百萬、坐擁名車豪宅、五官俊美、身材挺拔的青年才俊。捫心自問，被一個條件如此優秀的男人追求，女人會不心動嗎？這樣就不能怪小說作者常安排女主角跟總裁談戀愛了吧。

「兩年多前，我也曾抱怨過這一點，感覺自己被限制住了。但自從讀過羅洛．梅《創造的勇氣》之後，我發覺我錯了。有限制，並不一定是壞的，關鍵取決於自己怎麼看。《創造的勇氣》書裡舉了一個例子，艾林頓公爵有一次談到他的作曲方法時，解釋說：既然他的小喇叭手只能吹到某個高音，低音大喇叭手只能吹到某個低音，他就必須在這兩種限制之內作曲。撰寫羅曼史也是這樣。」

拿總裁與小助理相戀的「老梗」來舉例，即使是相同的產業，性格急躁的人與個性穩重的人，行為處事一定不一樣。還有不同的產業，專注要求的角度也不一樣。管理飯店的總裁，追求的可能是無微不至的服務態度；演藝圈大哥，要的可能就是點子夠不夠創新；代理貿易行業，得時常到外國出差；如果是股票大亨，坐在電腦電視前面的時間，可能就會比其他人都多。

仔細探查細節，強調個性差異，就會發現可以發揮的部分。如果寫作時只看到表面上的限制，而忽略了隱藏在限制底下的種種可能性，當然會覺得愈寫愈辛苦。

至於第二苦，就是**點子消耗量奇大**。

羅曼史並不流行「連續劇」式的寫法，也就是同一組人馬，嘩啦嘩啦就來個三十集劇情。所以每寫一份稿子，就得耗掉一對喜歡的角色，隨著入行時間愈久，「江郎才盡」這四字就會像魔咒一樣，開始纏著作者不放。

面對這個困境，艾珈的處理方式，就是讀一大堆書，以時間爭取空間，應付消耗。「說真話，要不是對寫作、對讀書一直存有熱情，很難撐過這些考驗。」艾珈說。讀書搜集資料需要時間，坐下來寫作更需要時間，想要持續創作，一定得犧牲其他消遣活動，比方逛街、上網聊天、看電視電影或出國旅遊。

最後一苦，便是**市場**。

艾珈至今寫了三十多本書，即使入行八年，卻仍自覺是個小作者。她曾經被編輯下過最後通牒，說銷售量再沒起色，就要拒收她的稿子。這是所有作者都會遇上的困難，對此，艾珈只有一個建議：「我盡力完成我的作品，其他的，就交給老天，還有讀者的眼睛。」

給新進者的話

對艾珈來說，寫作最重要的是：**絕不要敷衍了事**。

以下這幾段話，是她給所有想嘗試宅創作者的宅男宅女們的真言：

我後來才發覺，當我盡力完成某件事時，即使外面的人一時沒有察覺，我自己還是能感覺出其中差異。人會因為自己的作為，而喜歡或不喜歡自己。我喜歡藉由每一次的「盡力」，去覺察出自己又進步了多少。比方說，兩年前的我，最盡力的程度大概就七十分，換句話說，我如果能夠做到這七十分，就是我的滿分。而這兩年我寫了十六本書，若回過頭去看，很容易就看出我最近寫的這一本書，跟兩年前寫的那一本書之間的差異。而當然是剛完成的這一本比較精彩——我並不是要說我現在已經很厲害，我想說的是，隨著每一次每一次的盡力，我把自己的能耐，又往前推進了一點點。

如果說我現在盡全力是七十二分，瞧，我就比兩年前的自己，多了那兩分獲得讀者青睞的機會。不要只看見限制，也不要太擔心讀者能否接受你，我認為每個創作者的第一個要件，就是先要求自己：

不要敷衍，要盡全力。盡力去做你能做的事。

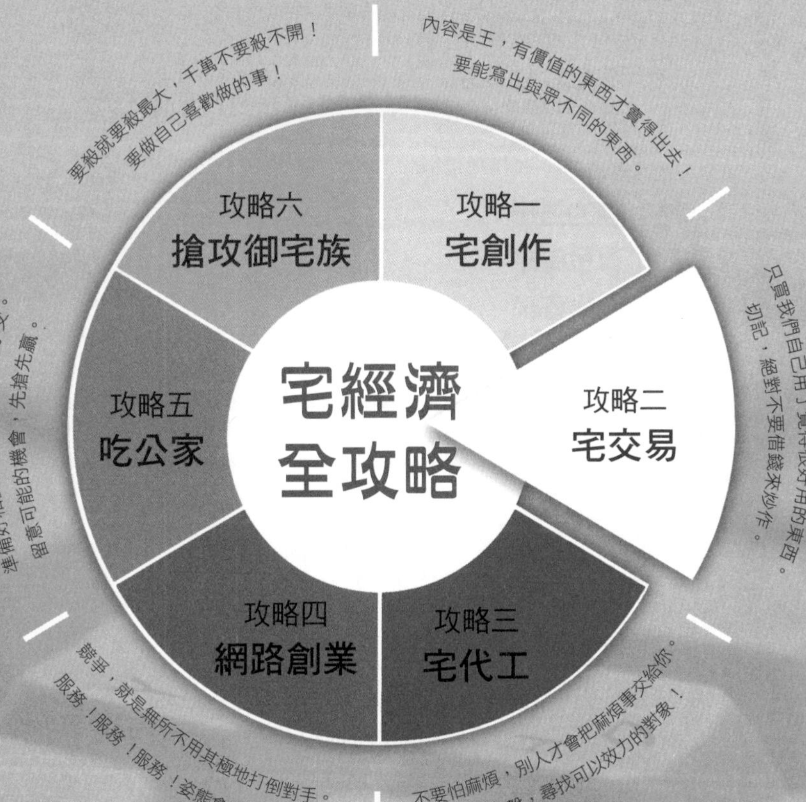
宅經濟
全攻略
攻略一
宅創作
內容是王，有價值的東西才賣得出去！
要能寫出與眾不同的東西。
攻略二
宅交易
只買我們自己用了覺得很好用的東西。
切記，絕對不要借錢來炒作。
攻略三
宅代工
不要怕麻煩，別人才會把麻煩事交給你。
主動出擊，尋找可以效力的對象！
攻略四
網路創業
競爭，就是無所不用其極地打倒對手。
服務！服務！服務！姿態愈低就愈賺錢。
攻略五
吃公家
準備好相關資料，早申請早享受。
留意可能的機會，先搶先贏。
攻略六
搶攻御宅族
要殺就要殺最大，千萬不要殺不開！
要做自己喜歡做的事！

本章所謂的宅交易，是指在家裡買賣、投資、炒作、交易**金融商品**。

炒股票？有些人一聽到這個詞，就急急忙忙想轉台，因為在大家的刻板印象中，炒股票似乎和賭博差不多，十賭九輸，不是一種穩健的賺錢方式；或者，有些人會聯想到電視上那些一臉貪婪、騙死人不償命的「老師」。

但撇開這些負面想法，不可諱言地，在宅事業中，獲利潛力最大的莫過於宅交易了！所以，首先讓我們來看看宅交易的基本流程，接著ＢＪ會向各位解釋，宅交易的標的，也就是金融商品有哪些，以及如何選擇與投資。

概論：宅交易基本流程

第一步　前置準備

在進行交易之前，你得先到證券公司或銀行等販賣金融商品的地方開戶。一般而言，用戶得親自臨櫃辦理，準備好印章、雙證件（兩張附照片的證件，如身分證和駕照），以及起始資金，再簽名蓋章就可以了。準備交易所需的資金時，不宜過少，比較容易進行風險管理。但切記，**千萬不要借錢投資！**

接下來你應該布置一個適當的工作環境，最好有舒適的桌椅、燈光和大螢幕，可以幫助你即時掌握較多的市場資訊。證券公司會給你在家交易所需使用的

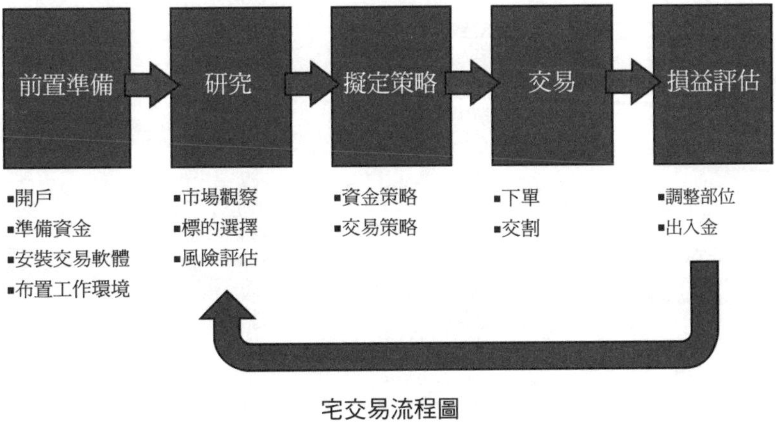

宅交易流程圖

軟體，並附說明書；你也可以自行上網下載交易軟體。只要有了帳號、密碼以及安全憑證，就可以開始上網交易了。

第二步 研究

宅交易的研究工作包含市場觀察、標的選擇與風險評估，將在之後的各項攻略中，詳細傳授要領。

第三步 擬定策略

選定投資標的之後，接著就要擬定作戰策略，包括資金策略與交易策略，我們也將在後面的攻略中說明。

第四步 交易

宅交易的進行大概有兩種模式：「透過電話直接向營業員下單」或「網路下單」。電話下單的好處是，你可以聽到營業員的**良心建議與關懷**（有時是壞處）；網路下單則是快又方便，而且常常有交易費的退佣，是新一代宅交易者比較偏好的選擇。

第五步 損益評估

每一次完成交易之後，建議你馬上做損益的結算，以便調整手中的「**部位**」，也就是

宅交易可行性分析

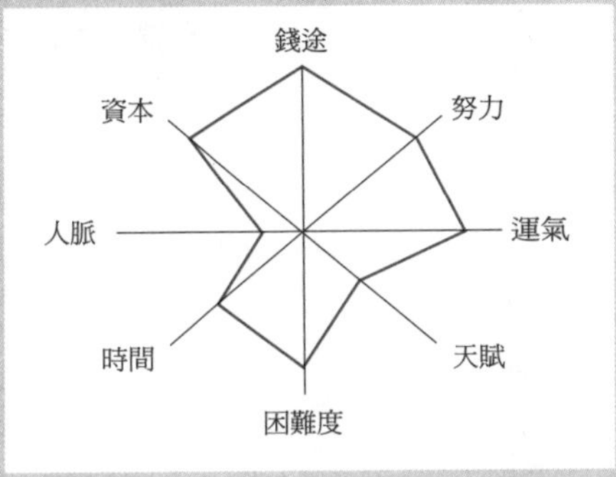

一般說來，宅交易的資金門檻比較高，你得先有一筆積蓄，才有資格談炒作金融商品。BJ的建議是，最少要有百萬存款，不到這個數字雖然也可以進行交易，但沒有辦法透過資金管理的策略來降低風險，而且若不幸遭受損失的話，很容易造成心理壓力。

對初學者來說，交易的運氣成分不小，但如果想要變成專業投資人，則需要相當的努力。幹這行的好處是，你幾乎不用看人臉色，也不必靠什麼人脈關係；明買明賣，也不需要高深的數學功力或超人一等的頭腦與天賦。

宅交易的時間固定，開市時間之外，你得花點時間作研究，而其他的時間則可以靈活應用支配，算是相當具有自由度的事業。

該多買哪一些，或少買哪一些？該認賠殺出還是停利？如果有虧損的話，是否要增加資金？如果有賺的話，是不是要先領出來花用？

把這整個流程走完後，再回到「研究」的步驟，準備下一輪的宅交易。

立即上手：了解金融商品

很多人誤以為**金融商品**是專業又複雜的東西，老實說，那是某些人為了突顯自己的專業，刻意塑造出來的假象。其實金融商品是一般大眾都能懂的東西，分類如下表。

表中所謂的資金靈活度，通常與金融法規及

	資金靈活度	風險／利潤	原理	交易場所
股票	☆☆☆	☆☆☆	合股證明	證券公司
債券	☆☆☆	☆	債權證明	證券公司
期貨	☆☆☆☆	☆☆☆	投資未來的可能	證券公司
選擇權	☆☆☆☆	☆☆☆☆	合約價值	證券公司
衍生性金融商品	☆☆	☆☆☆☆	基金、證券化	銀行基金戶、證券公司
外匯	☆☆	☆☆☆☆	匯率價差	銀行外匯戶
保險	☆	☆	分散風險	保險公司

金融商品的類型

成交量有關，其主要考量重點在於能否順利地進行商品買賣，以轉移資金的配置；靈活度愈高，表示要買賣該類商品進行資金配置較為容易。而風險和利潤通常成正比：**高風險高利潤、低風險低利潤**是金融市場不變的法則。

以下我們將一一簡單說明各類金融商品的設計原理。

股票與債券

讓我們以實例來解釋：猴子小學舉辦園遊會，達樂小朋友想擺攤賣黑輪。他得先準備一百元買材料，但是當他把撲滿拿出來之後，才發現前一陣子太貪吃，零用錢都快花光了，撲滿裡頭只剩下二十元，錢不夠！

怎麼辦呢？有兩種「融資」（Financing）方法。

第一種方法，去向別人借錢。於是達樂寫了張「借據」給爸爸，上面註明：「茲向老爸借八十元擺攤賣黑輪，園遊會後當天晚上八點鐘還錢，利息五元。不孝子施達樂（蓋手印）。」老爸看了很滿意，就把錢借給他了。到了還款時間，不管達樂的黑輪攤有沒有賺錢，他都得遵照約定，歸還本金加利息八十五元。

第二種方法，是邀別人「入股」。也就是達樂可以去跟爸爸說：「老爸，園遊會那天，我的黑輪攤保證賺錢，你如果投資八十元和我合股，到時我就把賺的錢分給你。」爸爸心想，這生意划算，於是就把錢拿出來投資達樂，並討了「合股證明」，叫達樂蓋手印。園遊會結束後，兩人坐地分營收——達樂拿百分之二十，老爸拿百分之八十。

依此推論，不管公司大小，都可以用這兩種方法去融資。**在第一種方法中，借錢者所寫的借據，就叫「債券」**；若你手中握有某家公司的債券，就相當於該公司向你借錢，並提供你他們公司的債券作為證明。舉例來說，如果你買了鴻海的公司債，就會拿到一張上面有郭台銘簽名的借據，你可以拿著債券去向親朋好友說：「台灣首富也向我借錢。」很是威風。

第二種方法中，合股證明就是「股票」。你買了某家公司的股票，就相當於投資該公司，到了年終，公司會按照你的股分比例，把盈餘分給你。舉例來說，你買了台積電的股票，就會拿到一張上面有張忠謀簽名的股票，你也可以拿去向親朋好友炫耀說：「我和晶圓教父合夥做生意。」也很威風。

回到園遊會黑輪攤的例子，若再深入一點思考，爸爸花錢買這兩種單據，原始目的是為了收回更多的錢。但如果爸爸自己也需要用錢時，他要怎麼做呢？

很簡單，他可以想辦法把達樂黑輪攤發行的股票和債券再轉賣給第三者，好比是媽媽，以換取現金。在債券的例子裡，爸爸可以跟媽媽說：「如果妳用八十三元向我買下這張借據，等會達樂會還妳八十五元，很划算的。」媽媽因此能賺到兩元。但在股票的例子裡，爸爸則可以跟媽媽說：「達樂的黑輪攤穩賺大錢，妳只要花八十三元跟我買股票，就可以分到盈餘的百分之八十。」爸爸只想賺三元，而媽媽則要考慮，她能否分到比三元更多的獲利，如果可以，她就會買。

證券無紙化

時代進步，現在各國多推動「證券無紙化」，也就是說，你多半是摸不到真實的股票和債券，投資證明只有證券存摺上的一個數字。但作用相同，不用擔心！

這就是股票與債券交易的原理，也是每天都有人在買賣股票的原因。政府成立證券交易市場，就是為了提供一個公開交易股票的服務，讓買賣雙方方便交易。依目前規定，只要你年滿二十歲，辦好開戶手續，就可以

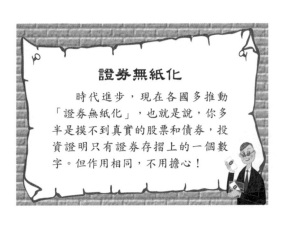

進行交易了。

期貨與選擇權

還記得汽油價格不斷攀升的惡夢嗎？反過來想，真羨慕那些阿拉伯富豪，坐在家裡什麼都不用做，身價就猛上漲。（這才叫宅經濟嘛！）如果有人跟你說，你也能買賣原油，你可能會覺得他瘋了吧？

想像一下這個情況：有位阿拉伯富豪名叫「阿里不達」，他家後院就是油井，每天產一百桶的油。有一天，他忽然發現原油價格起起落落，今天一桶一百美金，一個月後搞不好只剩五十美金。於是他心想，何不趁價格高時把「未來的油」賣出去呢？於是，他寫了張合約，上頭載明：「下月初一交原油一百桶（蓋手印）。」接著他把合約拿到菜市場去兜售，他說：「一桶賣你六十就好！」這時，另一位天文學家「阿里不

期貨百百種，什麼都能賣！

世界上有好多阿里不達先生，他們拿著各式各樣的合約，例如石油、玉米、黃金……甚至是洋基隊的戰績，在市場上到處兜售。只要你有興趣，又有敏銳的眼光，什麼都能炒作。

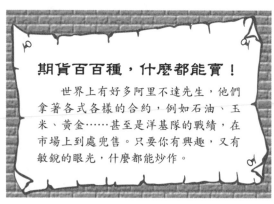

樂」先生看到了，他心想，這個笨蛋還不知道下個月火星人會入侵地球，原油會漲到兩百美金一桶！於是他趕緊掏出六千元向阿里不達買了那張合約。阿里不達高興地捧著六千元現金回家了；阿里不樂也很高興，因為只要等到下個月合約到期，他就發大財啦！火星人一入侵，他可以把合約以每桶一百八十美金的價格賣給中油，不但中油感激涕零，他也淨賺一萬兩千元（〔180-60〕×100）。更厲害的是，他連油桶長什麼樣都沒看見！

這裡的關鍵就在於那張未來石油的合約，也就叫做原油「期貨」。要買賣期貨和股票差不多，去開個戶，把錢匯進去就行了！

另外還有一種類似的商品叫「選擇權」，留待本章最後的案例，由專家親身教戰。

衍生性金融商品

哎呀，這就是造成全球經濟大崩盤的元凶吧!?但其實衍生性金融商品並不邪惡，是操作它的人心術不正，才害得我們這麼悽慘。而若要說衍生性金融商品，起碼超過萬種，介紹也介紹不完，在此只介紹最常見的股票基金。

再回到猴子小學的園遊會。達樂逛了一圈之後，發現好幾個攤位都很賺錢，其中人氣最旺的射飛鏢、丟水球、打彈珠這三個攤位，都有發行股票，入股各需一百元。達樂想要投資，但是手上只有二十元，怎麼辦呢？

很簡單，再去找老爸老媽合夥，募集一筆「**基金**」，把這三個攤位的股票全買下來，到時所有盈餘總結算，依基金持有的比例分配就成了。

這就是股票基金的原理。一個人買不來的股票，找多一點人來一起買，不但可以共享利潤，還可以降低風險。如果其中某間公司不幸虧損，還有其他賺錢的公司可以補回來；如果補不回來，損失也可以大家分攤啊！

但是買賣基金的風險在於，基金是由和你一樣活生生的經理人所操作的，你花錢拜託他幫你投資，結果呢？虧損的時候，他只要拍拍屁股走人，你卻得獨自承受苦果。如果你真的怕麻煩，想拜託別人操作，建議買指數基金（ETF），如台灣五十、台灣一百之類的，反正股市漲你就賺、股市跌你就賠，自動操作，才不會被那些「肥貓」白賺了手續費。

衍生性金融商品所滾出來的經濟危機

股票基金的概念可以說是現代財務工程的最大突破：每樣商品都可以基金化、證券化。舉例來說，也有所謂的債券基金，大家把錢集合起來買債券；也有所謂的能源基金，大家把錢集合起來買石油、買發電廠；也有所謂的次級房貸基金，買房子的人向銀行借錢，銀行再把這筆貸款變成債券賣給其他人，其他人再把債券變成基金賣給其他其他人……如此不斷衍生下去，一百元的商品，層層創造出好幾倍的生意。可以想見，一旦第一層的房貸戶繳不出錢，之後就像骨牌效應一樣，所有的衍生性金融商品全部跟著倒。這也就是造成現今的金融風暴的主因。

外匯

近來在日本，出現家庭主婦集資操作外匯的宅經濟現象，這些家庭主婦們從早上先生出門上班後，就開始炒作匯率，晚上安頓好丈夫小孩之後，又開始對境外市場（如歐美）進行操作。

但在台灣，外匯管制比較嚴格，資金門檻又高，不太適合阿宅們在家操作。但如果你把錢匯到境外，比如離我們最近的一些亞太金融中心，如香港、新加坡等地，大炒特炒也沒人管得到。

保險

媽媽們最愛利用保險來儲蓄、投資兼理財，但在此並不鼓勵這麼做，理由是：

一、理財型保險是一種結合兩種以上金融商品所產生的衍生性金融商品，設計通常很複雜，非專業者很難看得懂；

二、對內行人來說，保險獲利其實和銀行定存差不多；

三、保險多是透過人脈販賣，很容易因感情因素做出錯誤決策；

四、沒聽過有人可以在家買賣保險的。

因此建議，保險歸保險，投資歸投資，分開來進行比較好。**買保險有個原則：只買必須的就好，其餘的一概都不要。**

做完基本解說之後，接下來要進行實際的攻略教學。在宅交易的攻略中，有三個重要步驟，分別是：**標的選擇**、**資金策略**與**風險管理**。

投資決策三部曲

攻略：標的選擇

在前面的「宅經濟入門」一章中談到，天下的生意只有兩種：一種是「創造價值」；一種是「買低賣高」。宅交易正是如此，想要賺到錢，就得把握住這兩個原則。

創造價值

攻略要點：只買我們自己用了覺得好用的東西。

你買的商品，必須是能賺錢、產生盈餘的東西；你要脫手的商品，是賠錢、產生虧損的。再回到猴子小學園遊會，如果黑輪攤很受歡迎，銷售長紅，多買一點它的股票就無妨；如果射飛鏢人氣低落，沒人要玩，你手上的持股最好盡量賣，能賣就賣。

標的選擇原則	
創造價值	買低賣高
‧絕不要碰你不懂的東西。 ‧只買我們自己用了覺得很好用的東西。	‧價錢低的時候買。 ‧價錢高的時候賣。 ‧逆勢操作。
別人想賣給你的，都是他自己覺得不值得的！	

但交易最大的困難是，你沒有足夠專業的眼光看出哪些公司會賺錢，哪些會賠錢。解決之道，唯有多收集資訊、勤作功課、努力研究而已。聽起來容易，做起來很不容易，但如果你想成為專業的投資人，還是得努力去實踐。若真的做不來，股神巴菲特提供了一個不敗心法：**絕不要碰你不懂的東西！**

打個比方，你聽說某某公司生產的馬桶很棒，擦屁屁不用手，未來肯定會賺大錢。這時候，你可以先問問自己，你用過了嗎？如果真的用過，你覺得好不好用？你會繼續用嗎？如果答案都是否定的，而你卻還是買了這家公司的股票，那就不夠聰明了。

股神巴菲特的做法是，只買自己接觸過，而且覺得好的東西。具體的例子是，很久以前，他一喝可口可樂就被其滋味深深吸引，於是他大買可口可樂公司的股票，一抱就是三十年。這段期間景氣起起伏伏，他都當作沒看見，最後果然賺得荷包滿滿。

美國太遠，ＢＪ還可以舉個台灣菜市場的例子：過去三十年來，我老媽總是固定向中央市場的陳姓菜販買菜。半年前某日我媽去買菜，卻發現陳阿桑的攤位換人做了，於是問新來的菜販陳阿桑怎麼了？是生病了嗎？新來的菜販回答說：「她回家讓王永慶養了。」細問其故，才知道長期以來，陳阿桑每存到一筆錢，就拿去買一張台塑公司的股票（大概五萬塊），就這麼買了三十年。你猜，去年台塑公司發股利，陳阿桑領到多少錢？不多，一百多萬而已。你說她還要賣菜嗎！

買低賣高

攻略要點：逆勢操作，不要怕麻煩。

價錢低的時候買，價錢高的時候賣。換個說法，價錢高的時候「絕對不要買」；價錢低的時候「絕對不要賣」——講到這點就氣死人，老師明明講過一百次了，就是有人（而且是大多數人）會在貴的時候買，在便宜的時候賣，那賠到慘兮兮要怪誰呢？

不知道你有沒有發現，當身邊的阿貓阿狗全都開始談股市，個個都躍躍欲試的時候，往往就是股票漲翻天、股市飆破幾萬點的時候，這時候股價屢創新高，大家卻拚命把錢丟進去，實在是不智；反過來說，當沒人想談論股票，四周充滿悲觀氣氛的時候，往往就是股價最便宜的時候，這時反而沒人想出手。

這就叫做**市場心理**。如果你能真的敢於反其道而行，逆勢操作，那勝利一定屬於你。

此外，一些想賺錢又不想動腦筋的新手，動不動就喊：「太麻煩了。」這種不願動腦研究的人，就是「害你賠錢的壞人」最喜歡的對象。尤其股市大好時，就會出現一堆專家、理財專員、投資顧問、保險業務員，他們鼓動三寸不爛之舌說：「某某基金很棒，三年內每年獲利百分之二十……」「某某股票一定漲……」於是乎這些「怕麻煩」的人就會傻乎乎地掏出錢，但結果常常是賠得血本無歸。

BJ宅智慧：「別人想賣給你的，都是他自己覺得不值得的！」只要稍微動腦筋，就會明白這一點。既然那麼好賺，他幹嘛賣給你？他為何不自己買自己賺呢？

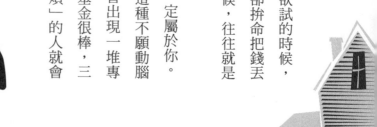

攻略：資金策略

攻略要點：絕對不要借錢來炒作。

在真正投入資金之前，要先想清楚，你現在拿來交易的金錢，是屬於**長期**、**中期**或**短期**的資金，判別的標準是：「你多久以後會需要用到這筆錢？」

短期資金：你會在一個月、一個星期，甚至是一天之後需要用到這筆錢。這樣的資金是生活所必需，缺少了就會造成生活問題。如果你把這樣的錢用來投資，就得一直盯著看，所承擔的風險也更大，更容易患得患失。因此不建議拿這樣的資金來做投資。

中期資金：這筆錢的周轉期是一個月到一年，頂多三、五年。這種錢才適合拿來進行投資交易，你會關心投資狀況，但又不會太過吹毛求疵，以致亂了生活作息。

長期資金：指可以放超過一年以上，甚至十年內都用不著的資金。

準備好資金以後，要先了解一個原則：依你自己的**個性**和**願意冒險的程度**，**分批投入**。分批進場的觀念很重要，只有賭神才有資格一把 show hand。

不少證券營業員會煽動你辦個「融資」帳戶，也就是如果你錢不夠時，可以向證券公司或銀行借錢來投資。乍聽之下很吸引人，因為你可以先用比較少的錢，賺到比較多的錢，但天下沒有白吃的午餐，除了融資利息很高之外，碰到虧損時，還會被強迫「斷頭」……真不是開玩笑的！

什麼是證券融資？什麼是斷頭？

所謂證券融資，就是指跟某券商借錢買股票。

舉例來說，如果你想買一張十萬的股票，用融資的方式買，表示你可能只要先付一半的錢就可以買到。但是你必須付利息給券商，目前合法融資利息約百分之六到七之間。

融資買股有一個風險是，可能會面臨斷頭。因為在融資買股票的契約中，通常會規定當股票跌到某個比率以上，借你錢的券商有權處分你的股票。

以上面十萬元股票的例子來說，可能約定說股價跌破百分之三十，券商就有權強制賣掉股票。假設賣了六萬元好了, 以此計算損失：

- 買進一張100000＝50000（自己出）＋50000（借來的）
- 賣掉後所得9000＝60000（賣價）－50000（還銀行）－1000（假設利息）
- 投資報酬率＝（9000－50000）／50000＝－82%

攻略：風險管理

攻略要點：堅持紀律，有捨有得。

投資就像賽跑，有人贏就有人輸。虧損的機會有多大，就代表風險有多大。沒有人可以向你保證投資不會賠錢，但是本書要教你怎麼樣比較不容易輸，或輸了也比較不會那麼痛。這個學問就叫做「風險管理」。

◎風險管理的至尊法則是：「紀律」（Discipline）。

市場訊息紛亂，而且大部分的資訊都是有心人為了自己的利益而散播的。常見某某權威、某某外資發表研究，台股將上看五萬點，就在大家拚命買的同時，那些放話者卻拚命賣。而一旦入了場，接受各種情勢和耳語，鮮少有人會不受影響的。因此，在從事交易之前，一定先堅定立場。

比如說，你看壞未來的景氣，那麼無論如何，絕對不要聽信買方的鼓吹，不管小馬歐巴馬院長部長郭董張董怎麼講，不買就是不買。要堅持這一點，很不容易！

或者說，你研究半天，發現某公司的前景看好，你想買它的股票，那麼你就得一直買、一直買，它一直跌你還是買，跌愈多買愈多。要堅持這一點，更不容易！

並不是說只要堅持紀律就一定會贏，但堅持紀律就不會後悔，永遠可以勇敢地面對未來。反過來想，如果你不堅持紀律，輸的時候一定會怨東怨西，深自悔恨，不僅賠錢又傷心，何苦來哉？

◎風險管理的第二條法則是：「分散風險」。

俗話說：「雞蛋不要擺在同一個籃子裡。」投資也一樣，把錢分散在不同的項目上，比較不容易全軍覆沒。你也可以多找幾個人一起湊錢來投資，風險大家一起承擔；這個道理就好比是成立自己的「基金」。你也可以分段投資，一次只投資一點，把風險分散給未來的自己。

◎風險管理的第三條法則是：「不要貪心，要捨得」。

設定獲利目標，好比說獲利百分之十五就離場，絕不貪戀。這叫「**停利**」。這就好像進賭場玩吃角子老虎一樣，幸運拉霸中獎，最好馬上兌換彩金走人。只要你貪心坐下來繼續賭，一定會把贏來的錢輸光光。

反過來說，也要設定好虧損的容忍程度，好比說，虧損百分之十就離場，絕不回頭。這叫「**停損**」。曾有諾貝爾獎得主研究過，贏了不貪心容易點，輸了要甘願則非常難。投資會輸個精光，通常就是因為不甘心。

攻略：租賃與放貸

攻略要點：地點、地點、地點，其餘免談！

如果你的資金充裕，又不想每天擔心受怕、絞盡腦汁去操作金融商品，還有一個更「宅」的賺錢方法，就是購置房地產，把它租出去收取租金，當個包租公或包租婆。

這是自古以來永遠不敗的賺錢妙法，幾乎不用動

	攻略原則	思考重點
標的選擇	・創造價值 ・買低賣高	・別人想賣給你的，都是他自己覺得不值得的！
資金策略	・畫分資金使用 ・分批投入	・了解自己的個性和願意冒險的程度。
風險管理	・嚴守紀律 ・分散風險 ・停損與停利	・捨得捨得，有捨才有得！

宅交易密技摘要

腦，你只要坐在家裡，算算租金是否足夠供應買屋所需的資金成本（貸款利息），如果划算，那就買來出租。

選擇房地產的重要關鍵就在「**地點**」。什麼建材啦、裝潢啦、設計啦……都是次要的考量。只要你的物件是在好的地段，就一定租得出去；反之，根本乏人問津。

同樣的道理，你也可以把手上其他的閒置資產出租出去，以收取租金。舉凡電腦、汽車、挖土機、噴射機……都可以這麼辦。

最後要提醒大家，近來詐騙事件愈來愈多，而詐騙集團之所以得逞，最大的原因都是因為受害者貪心！

所以，**搞宅交易切忌貪心**。你只要把握住一個原則：**天下沒有白吃的午餐**！上當的機會就會少很多。

案例 許明偉：每日金融交易量上億的投資高手

主角介紹 

部落格：http://financial-911.blogspot.com/

許明偉先生現任好幾家證券、資本管理公司的分析師和經理，頭銜多得數不清；他擁有國際金融證照十餘張，包括期貨分析師、CFP國際理財顧問、證券高級營業員等等，還在大專院校授課。

你也許以為他要到處開會、講課，一定忙得團團轉吧？不，他大部分的時間都在家工作，從事「宅交易」。他算是國內少數在家交易超過十年的老鳥了（想想看，Google也才十歲），他現在每天的交易量，多時上億。

時間安排的自由，是許明偉走上這條路最重要的一個原因。

宅投資者的一天

8:30

起床之後，悠閒地喝杯咖啡，剛好趕上期貨開盤。

8:45－9:00

期貨盤在八點四十五分開，在九點現貨開盤之前，期貨走勢是第一個市場指標。台灣期貨市場的表現，通常受昨夜美國盤及日本盤的影響，如果出現比較不同的走勢，那就要追蹤一下可能原因。順便也利用這十五分鐘，看一下報紙及網路頭條新聞。

9:00－10:00

現貨開盤。觀察：現貨跟著盤前期貨走，還是帶著期貨跑？委買賣張數／均張的強弱？前二十大權值股的動向？是否進行部位的調整？

10:00－13:00

短線的轉折不太可能掌握，要真的在市場賺到錢，應以中長線的策略為重。離開盤面，慢慢享用早餐。早餐後，要不是出門辦點雜事，就是睡個回籠覺，或者逛逛網路玩一下 Online Game。

13:00－13:30

現貨準備收盤，交易量會再升高。收盤前觀察一下今日走勢有沒有反轉，跌的有沒有反彈，漲的有沒有拉回。資金輪動的狀況，到底是從一而終集中在今天的熱門股，還是盤中資金易位。如果到了這時侯，現貨盤也沒有超過百分之一的漲跌，今天就不用調整部位。反之，就要根據走勢做調整及曝險再評估。

13:30－13:45

最後交易的機會。再三對持有部位檢核風險，如果承擔的風險比預設的大，一定要加避險部位。

13:45－14:00

期貨市場收市後，對帳，確定紀錄跟期貨公司的一致。

14:00以後

自由時間。

搞清楚投資與投機

許多人前仆後繼地踏上投資（投機）之路，但成功的人卻不多，為什麼呢？其實大部分人失敗的原因，都是因為分不清投資與投機。

投資是買公司長期的現金流入。

投機則是擇股又擇時。其中，擇時又占較大的比重。

很多時候，你起心動念下手買了股票，打算買低賣高，賺個價差，出發點根本就是在投機，等到套牢後才安慰自己是在投資，要學股神巴菲特長期持有。頭接不上尾，成功談何容易。

許明偉表示：「在我看來，搞不清楚動機的『投資』人，失敗的機會遠比一開始就清楚自己要『投機』的人大多了。」他也提供了投資與投機的經驗談：

▼投資的目的，在享受公司的成長，用時間換取收益，長抱是必然的代價。

▼投機賭的是短期走勢，短到五分鐘、一天，長至三個月、半年。

▼投資者因為是抱長，工具選擇受限，以股票為主，也只能使用閒置資金，更不宜融

資。

▼投機者要觀察市場籌碼的流向、經濟數據、匯率變動、國家政策，甚至當年黛安娜王妃車禍時所乘坐的那個牌子的車，都可以是買賣的依據。投機工具的選擇就多了，除了股票，還有權證、期貨、外匯及選擇權。資金運用的彈性，從融資一倍，到期貨十倍，乃至外匯保證金交易的二十倍槓桿。

過來人的話：現在投資人習慣將所有的精力，放在「選擇標的」上，也就是擇股及擇時，但擇股及擇時，只占投資成敗的三分之一。一個二十一點的職業玩家，除了要會記牌、算牌，更要知道怎麼下籌碼。何時加碼？何時減碼？更要在運氣真的很差時，還能存活下來。九成以上的散戶沒有「資金策略」與「風險管理」的觀念，才是失敗的主因。

做好心理準備

在市場廝殺超過十六年的許明偉說：「如果我告訴你，在金融市場上賺錢很容易，那肯定是在騙你。」

他確實認識很多靠操作投資維生，甚至致富的高手，但他也看過更多鎩羽而歸，在市場上賠掉身家的例子。換言之，在金融市場上，成功的人不少，但比例極小，合理數字遠小於百分之一。基本上，投機者過的是在刀口上舔血的日子，生手一開始若沒受傷，簡直是奇蹟。但不屈不撓，最後找到訣竅的人，就會樂在其中。

而宅投資者的生活也許較一般上班族自在、有彈性，但工時不見得比較短。你必須時時對新聞保持敏感度，幾乎二十四小時都要不停思考。

此外，在決定展開投資之旅前，請記得，**對市場永遠保持敬畏之心**。在市場狀況好的時候，別被唾手可得的優異績效沖昏了頭，因為那不過是行情使然。另一方面，若覺得金融市場危機重重，可能不過是你設定了不切實際的目標，為虛幻的目標承受了過多的風險。

認識選擇權

許明偉認為，現代人不能不認識選擇權。因為現在有太多金融工具都包含選擇權的成分。以前一陣子讓很多投資人受傷的連動債來說，它就是選擇權與債券的結合。連動債的概念其實是很好的，如果你懂選擇權，也可以自己組合一檔連動債，用利息去參與你喜歡的股票或指數，條件一定比你買到的現成連動債要好很多，因為省去了中間機制（銀行、保險公司）的利潤。

連動債這個產品也許會因這次金融風暴而沉寂，但選擇權這個工具，是不可能自人類金融活動中消失的，現在有太多金融工具，都包含了選擇權，聰明自主的投資人，當然要懂得應用選擇權。

什麼是選擇權？舉例來說，假設你跟建商簽了一紙訂房合約，並交付訂金三十萬，先訂下了一棟房子。合約中，會有下列幾個要素：

▼標的物：哪一間房子（坐落地點、地號、地址、坪數）。

▼到期日：雙方約定的交屋日。

▼履約價：用什麼價格成交。

這份訂房合約，就是選擇權！

假設當初和建商約定的履約價是五千萬，到了要交屋時，可能有兩種狀況發生：

一、房價漲到五千三百萬

這時你一定會很高興地拿著這紙合約，要求建商履約。因為跟市價相比，你現省了三百萬。換句話說，這紙合約（選擇權）在到期時創造了三百萬的價值。如果當初交付的訂金是三十萬，那麼你相當於有十倍的獲利。

二、房價跌至四千八百萬

如此一來，當初花三十萬換得的訂房合約，現在變成了廢紙一張。因為就算沒有這份合約，任何人也可以以四千八百萬買到這棟房子。應該沒有人會笨到還拿合約用五千萬去買。正常人都會選擇犧牲三十萬的訂金，直接用四千八百萬去買那棟房子。

標　的	連　結	資金需求
股　票	個股價格	即時個股成交價
期　貨	標的物與到期日	即時
選擇權	標的物與到期日與履約價	價內：履約 價外：棄約，損失權利金

股票／期貨／選擇權

如何購買期貨與選擇權？

要操作期貨或選擇權，都需要有一個交易帳戶。你可以到任何合法的期貨公司或證券公司開戶，就可以進行交易。至於要在期貨公司或證券公司開戶，考量點在於前者可以操作所有國內、外的期貨商品，後者只能交易與國內證券相關的產品。但前者的營業據點有限，後者的服務比較貼近投資者。開戶應準備**雙證件、私章、銀行存摺**。

以選擇權的術語來說，狀況一是來到價內，選擇權產生了價值，擁有「權利」的買方，會向有「義務」的賣方，要求履約。狀況二，是為價外。買方犧牲了權利金，放棄履約。那筆權利金，就被賣方放進口袋了。

工具選擇

選擇什麼金融工具來進行投資，端視每個人的個性及客觀條件。台股、美盤、國際期貨盤、外匯等等，各有優缺點及不同的策略。

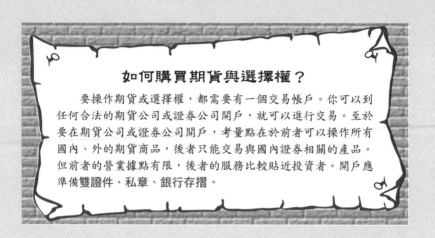

許明偉是以「台指選擇權」搭配「台指期貨」，為主要操作工具。好處說明如下：

▼進入門檻低

台指選擇權及台指期貨，都是以台灣證券交易所發行量加權股價指數（簡稱：加權指數）為結算標的。只要是生活在台灣，就算沒買過股票，也會對加權指數的重要成分股，例如：台積電、中華電、台塑化、鴻海、國泰金等等，有基本的認識，因此它的進入門檻就比美股、外匯小很多。

▼不影響作息

台灣股市開盤時間是上午九點到下午一點半。期貨交易則前後多了十五分鐘。以期權為工具，真正被限制的工時，就只有五小時。如果屬長期交易策略，盤中都還可以出去散散步，不用時時刻刻緊盯盤面，更不像必須日夜顛倒的美盤，及需要二十四小時待命的外匯。

▼流動性極佳

目前台股每日成交量約在六至八百億之間，其中台積電約三十億左右。如果是選擇個股，有可能一天只成交幾百張，金額不到一兩千萬，容易遇到流動性的問題，也容易被有心人士操縱。

▼研究的時間成本少

產業有各自的循環週期及季節性因素，要一一掌握，所花費的時間與精力，將會很可觀，這麼做也有點不切實際。就算是專業法人內的產業分析師，也是分工合作，不可能一人包辦所有產業，何況是一般投資人。

很多人初入金融市場，對這點沒有清楚的認知。一下子買電子股，一下子買金融股，最近宅經濟熱門，再插花一下線上遊戲概念股。這就好像連重量訓練都沒有做的人，一下子就跑去參加奧運十項全能，慘敗是必然的結果！

相較之下，追蹤一個國家的大盤指數，是比較可行的。並不是說追蹤大盤一定比較容易，要做的功課還是很多，只不過若連追蹤大盤的能力都沒有，更不要談對各類股的研究。

過來人的話：轟動一時的博達案，散戶投資人從媒體報導、財報消息都很難想像這是一間有問題的公司，甚至在其二〇〇四年聲請重整騙局爆發之前，融券數量還爆增，配合業績利多消息流傳，很多人大筆投入準備海撈一票。事後才發現，所有的財報數字都是假的，博達的營業收入，九成來自董事長自己成立的海外公司，即然是自己的公司，那現金從哪兒來？這些現金是博達將應收帳款出售給國外銀行而來的，不是從自己口袋拿出來的。在博達案中，一個散戶投資人，無論從基本面、籌碼面、技術面都無法洞悉其本質，是我最喜歡拿來說明散戶投資個股難度很高的例子。

▼操作靈活且資金需求小

股票作多很自然，作空限制就不少。期貨多、空兩相宜，兩者門檻差不多。至於選擇權，看多、看空都有很多策略對應，連盤整都有機會賺到權利金。

簡而言之，選擇權就是「一整個靈活」。如果你有五萬，只能買一張台積電的股票，無法做到分散風險，等於得將全部的金錢都壓在一家公司上。但若買選擇權權，二、三千元就可以買整個指數了。

當然，總體經濟的追蹤也是必要的工作。透過總經的掌握，先求全球總體經濟狀況的了解，再求個別國家的分析，最後才是權重的大公司。

	門檻	作息	流動性	時間成本	靈活度
台股	☆☆	規律	☆☆☆	☆☆☆	☆☆ 容易被操縱
美盤	☆☆☆	日夜顛倒	☆☆	☆☆☆	☆☆
外匯	☆☆☆	隨時備戰	☆☆	☆☆	☆☆
衍生性金融商品	☆☆☆	無影響	☆	☆☆	☆
期貨	☆	規律	☆☆☆	☆	☆☆☆
選擇權		規律	☆☆☆	☆	☆☆☆

交易工具的選擇

給投機者的話

便利商店雜誌架上愈來愈多理財類書刊，電視頻道上也有不少理財節目，這代表了芸芸散戶心中最深層的渴望——宅居炒股享樂活！

作夢歸作夢，這麼多人前仆後繼踏上投資之路，但成功的有幾個？再次強調，**標的選擇、資金策略與風險管理**三者並重才是成功之道。

如果你是一個職業玩家，除了要會加碼、減碼之外，更要在運氣很背時（比如明明算準了A會大漲，也加了碼，結果卻老是沒漲到），還能存活下來！

宅經濟
全攻略
攻略一
宅創作
內容是王，有價值的東西才賣得出去！
要能寫出與眾不同的東西。
攻略二
宅交易
只賣我們自己用了覺得很好用的東西。
切記，絕對不要借錢來炒作。
攻略三
宅代工
不要怕麻煩，別人才會把麻煩事交給你。
主動出擊，尋找可以效力的對象！
攻略四
網路創業
競爭，就是無所不用其極地打倒對手。
服務！服務！服務！姿態愈低就愈賺錢。
攻略五
吃公家
準備好相關資料，早申請早享受。
留意可能的機會，先搶先贏。
攻略六
搶攻御宅族
要殺就要殺最大，千萬不要殺不開！
要做自己喜歡做的事！

時至今日，家庭代工並不僅只於手工業，更包含了所有能在家做的事，以及能幫別人做的事。而宅代工之所以日益蓬勃，有幾個主要原因：

其一是**企業減少人力成本的需求**，也就是說，企業有一項「工」的需求，但還不到聘用一個專職人員的分量。比如說數位教材製作公司的課程設計中，包含了一段約一分半鐘的動畫，可是該公司僅有教材編排、發行等出版基礎人力，卻無動畫人才。但若為了一分半鐘的動畫去僱用專職動畫人員，會導致人力閒置。這個時候，動畫的部分便可以外包的形式，交給專門製作動畫的公司或個人執行。

其二是來自**人力供應者的主導**。很多工作者（尤其是創作者）對於規律的上班作息覺得很吃力，而且這種合作模式也不符合企業需求，所以他們便會調整自己的工作型態與企業配合。

「有罪」與「無辜」往往只是一線之隔

1943年冬天，德軍佔領華沙，在這場屠殺猶太人的悲劇裡，一個懷春少年、一絲不苟的法官、熱中藝術品收藏的裁縫師、把頭埋在古希臘羅馬世界的語文學者、改行協助猶太人逃出隔離區的強盜、慈善的修女、不懂世事的頑童，及美麗的賽登曼太太，共同交織出一場善良與邪惡、正義與野蠻的浮世繪……並讓人體會，「有罪」與「無辜」往往只是一線之隔……

- 名列「世界五十大小說」的波蘭文學
- 與米蘭・昆德拉《生命中不能承受之輕》、費滋傑羅《大亨小傳》、齊格飛・藍茨《德語課》、安伯托・艾可《玫瑰的名字》齊名

美麗的賽登曼太太
- 作者：安德列・施奇皮奧斯基
- 定價：300元

讓書評家不禁拿波赫士、駭客任務與大白鯊與之比擬 以極具創意的發想、極其大膽的手法寫成的動人小說

三年前，艾瑞克與女友克莉歐到希臘小島度假，克莉歐卻於潛水時不幸喪生，為了阻絕傷痛的回憶，艾瑞克的記憶開始變得破碎不完整。艾瑞克檢閱失憶前寄給自己的信函，試著將空白的過去拼湊回來，卻赫然發現，有一頭巡游於意識中的陸陶鯊正在獵捕他，追噬他的記憶。

這是一個關於回憶、想像、失去的故事，引領讀者躍入意識深層，審視在失去珍愛之後，生命中難以彌補的裂痕與創傷。

- 獲獎殊榮
  2007年博多書店原聲文學獎、2008年毛姆文學獎。
  2008年英國科幻小說大獎克拉克獎入圍。
  獲亞馬遜網站讀者四顆半星評價，國外各大媒體絕贊推薦。

蝕憶之鯊
- 作者：史提
- 定價：360元

他們拿走他的名字，好讓他可以過一個新的、虛構的人生。

「男孩A」即將離開少年感化院，
要以一個新名字、一份新工作，展開一個新的人生。
現年24歲的他，對這個世界幾乎一無所悉，
但他知道，孩提時代犯下的那樁駭人罪行，
是自己心裡永遠揮之不去的陰影。
他想忘卻過去，從頭來過，成為另一個人。
但是，一個善舉，卻讓他的新人生開始分崩離析……

- 本書榮獲
  世界書香日最佳書籍、萊思紀念獎最佳新銳小說家獎、韋佛頓好書閱讀獎最佳新人作品
- 原著小說改編電影《心靈鐵窗》
  獲柏林影展、英國影藝學院、丁納德影展多項大獎肯定
  電影官方網站：http://www.starswok.com/movie/boya/
  錢龍娛樂 DRACO ENTERTAINMENT 發行，7月同步上映

男孩A
- 作者：喬納森・崔格爾
- 定價：280元

- 作品熱銷全球41國，全球總銷量超過16,000,000冊

法國浪漫喜劇小說之王 繼〈出竅情人〉後，爲你帶來最新的驚喜與感動！

朱莉亞有生以來，父親就經常在她重要的成長階段上缺席，
就在結婚前三天，忙著籌備婚禮的朱莉亞接到父親秘書的電話！
正如她所料，父親不會來參加婚禮。
但是這一次，卻是因為他過世了。
朱莉亞不敢相信這是真的，因為她完美的婚禮竟在轉眼間變成一場弔喪之行。
就在喪禮後，朱莉亞意外收到一個大木箱，箱子裡躺的竟然是父親安東尼，上衣口袋裡還放著遙控器和使用手冊，只要一按下按鈕，父親立即死而復生……

那些我們沒
- 作者：馬克・
- 定價：280元

天後悔的
求生術

水，
圈中過關斬將。

兩年，
直接晉升為總經理；
，從負責基金業務的協理，
投資及保險業務的資深副總裁。

校沒有教的職場生存術全部告訴你！

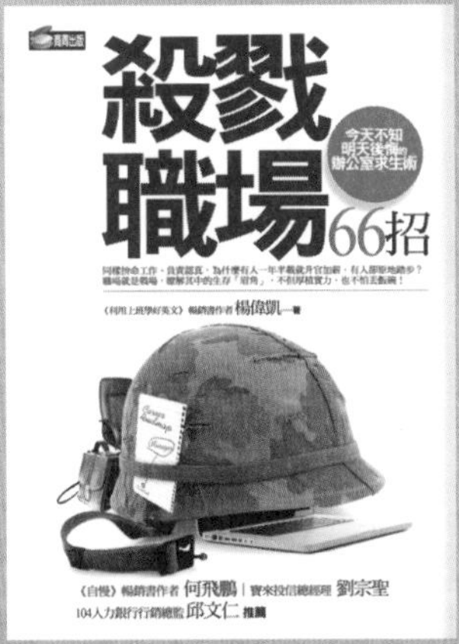

殺戮職場66招

- 暢銷書《利用上班學好英文》作者：楊偉凱
- 定價：270元

事業高峰、成為頂尖業務
讀的一本書！

交200戶房屋，半年賣出99部賓士車，連續五年
保險業全國紀錄，他，用獎牌寫日記，以行動創紀
是亞洲保險王，蔡合城。

：「**一日之計在於昨夜**」，怎麼可以一早到公司才
想今天要做什麼？「**做什麼，像什麼**」，一投入保
，他就請司機、開賓士，服務大老闆。「**別人放棄**
時間，就是我充分利用的時候」，坐電梯也能成交保
！

賣房子、賣車子到賣保險，最精彩的銷售案例分享，
讓人拍案叫絕！

王永慶的球僮

- 作者：蔡合城
- 定價：280元

1,000元起，頭家換你做！
小本也能賺很大！

景氣低迷，正是創業的最佳時機！

您可知只要擁有一千元、運用週末的時間就可以開始創業？
創業者最容易遇到哪三大盲點、尋找店面又應注意哪些要點？
無論是第一次創業、想摸索自己適合屬性的新手，
或是已經開業，但考慮調整經營方式以提升績效的人，
本書提供精彩實例與具體分析，幫助您以小額創業戰勝不景氣！

本書特色
- 嚴選資金一千元至三十萬元以下成功創業案例；
- 詳細分析各案背景、創業成本、營業額、市場概況及致勝撇步，提供創業相關市場分析與專業know-how！
- 「訣竅」、「致勝大補帖」、「顧客相挺」整理經營理念、行銷創意、顧客觀感，釐清頭家利基。

戰勝不景氣，陽春創業成功術

- 作者：蘋果日報財經中心
- 定價：280元

推崇正面思考的現代社會，沒有人告訴我們——「負面思考蘊藏力量！」

畏縮和煩惱不是壞事，那是解決問題的重要過程。
負面思考的優點是直視現實，這能力有很大的能量！
世界兩大天才——比爾．蓋茲、史蒂芬．賈伯斯，
都曾經歷消沉的空白時期，
進而找到自己面對世界的方式。
本書以現代精神療法有系統的說明，
想過豐富、成功的人生，
「正面思考」與「負面思考」同等重要！

負面思考的力量

- 作者：最上悠
- 定價：260元

設計，打造感動人心的力量！

五百年甜點品牌虎屋；辦公第一品牌ASKUL；老企業華歌爾再創新風格內衣品牌Une Nana Cool……這些企業有的逾百年，有的是年輕創意品牌，**共同點就是與日本設計大師合作，打造企業視覺形象**，因而能超越對手，持續得到注目。

九大品牌故事揭露企業如何與設計師合作，多方面驗證品牌策略不可缺的要素「設計」的力量。操刀設計師包括葛西薰、岡本一宣、佐藤卓、宮田識、渡邊良重、植原亮輔、酒井俊彥……等一級設計家。

▌推薦人：
實踐大學設計學院院長 安郁茜
政治大學科技管理研究所教授 李仁芳
奧美廣告執行創意總監 胡湘雲

美學企業力
- 作者：PIE BOOKS
- 定價：380元

歷史最悠久、當今最夯的自然醫學
提供您全方位的居家保健良方！

厭倦了病老是看不好，卻永遠有打不完的針跟吃不完的
面對坊間眾多自然療法的書籍，卻無法分辨什麼樣的觀念

本書作者出身素有「自然醫學的劍橋大學」之稱的加拿大
學院，集結多年臨床與學術經驗，擷取其中最精華、又能
生活中的部分，讓讀者像是聘請一位專屬的醫師一樣，擁有
健康觀念與實用保健方法。

有些人看起來平凡不起眼 但他們專注認真的模樣，卻透著最迷人的神采

紅野狼，是一個代號、是一部機車、是一個傳說，
更是一個真實存在的人。
他是所有人口中的「宅男」，
他的外表看似平凡，內心卻一點都不平凡。
雖然沒有人看見他的魅力，可是，我看見了。
我看見他的單純、他的努力、他的熱忱和執著。
紅野狼，關於他的一切，我還想知道得更多更多……

▌熱情推薦
國立交通大學校長 吳重雨
《紅野狼》電影導演 蔡翼鍾

▌網路爆紅校園電影同名原著小說
【獨家收錄】絕品珍藏版光碟
內含《紅野狼》電影主題曲〈小冷舞曲〉、〈小冷舞曲－搖滾版〉、精選劇照螢幕保護程式、桌布
【首度公開】電影拍攝現場酸甜苦辣幕後花絮

紅野狼
- 作者：Joeman
- 定價：200元

簡單易學的氣功養生法 讓您善用呼吸，增進健康

除了飲食之外，呼吸乃是左右生命的最主要因素，
本書為《氣的原理》作者應讀者需求，提出居家練習的養生功法，
並剖析《黃帝內經》及歷代養生家的導引招式，讓你「知其然也知其所以然」，
效果必然事半功倍，真正掌握自己的健康！

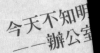

內經呼吸養
- 作者：湛若水
- 定價：250元

其三是尚有其他「正職」（比如學生）但仍有剩餘時間可以代工的工作者，他們的時間雖有餘裕，卻無法擔任全職的工作，於是**把片段的時間分割出來接代工**。

其四是找不到適當專職工作的工作者，只好暫時在家等待機會，以**接代工的形式補貼生活所需**。

無論是哪種情況，促成宅代工的基本條件有兩個：一是有需求的客戶（企業或個人）；二是自主意識強烈的工作者（主動或被動）。兩者缺一不可。

其實，網路便利與環保意識抬頭，許多產業早已時興讓員工在家工作，這麼做除了可以節省交通往返的時間，也能進一步降低石油資源的浪費，環保又健康。但在家工作與宅代工之差別，在於有無長期僱用合約。一般而言，在家工作者仍屬公司僱員，通常不能兼差；而宅代工者則是可以自由選擇工作，也同時被工作所選擇。

BJ宅智慧：對企業來說，所謂人力資源，就是把每個人對企業的貢獻度提到最高，如此而已。

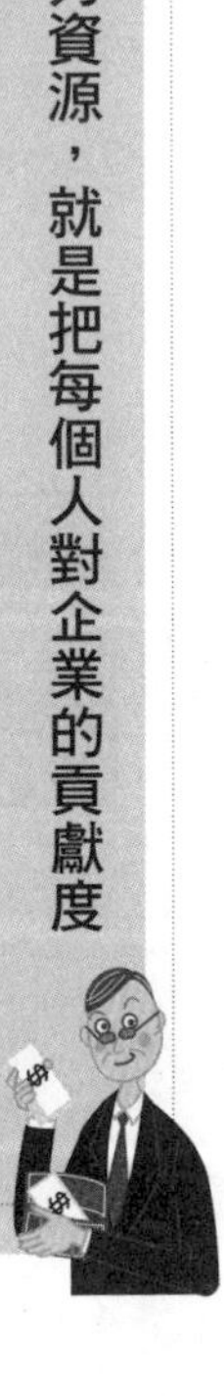

概論：宅代工基本流程

第一步　搜尋案源

對新手來說，搜尋案源是最困難的一步。如果是跑腿之類的簡單工作，可以在一些專門撮合代工者與案主的網站上得到資訊。另外，也有人會透過報紙、廣播等媒體徵求代工者，不過要小心詐騙。

對專業需求程度較高的案主來說，透過人脈尋找代工者是最主要的途徑。由於這些案主不放心將重要工作交給陌生的對象，所以常會透過認識的人推介人選，一方面也等於多了一份背書。相對來說，若是你的能力強，擁有豐富的人脈，認識許多有力人士，那案源就不用愁了。

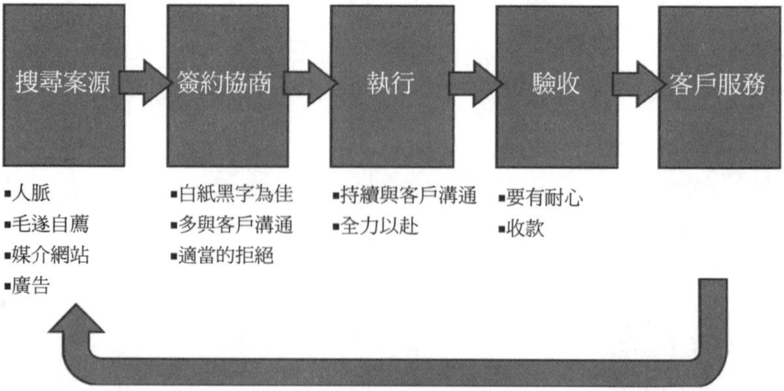

宅代工流程圖

第二步　簽約協商

宅代工的本質就是幫人處理麻煩事。這一類工作往往都是僱主經過評估，認為自己來做不符成本，或可能是不方便出面等等。同樣地，代工內容對於代工者來說也可能頗為麻煩，因此，接案前的協商工作就變得很重要。最好在接案之前，就與案主詳細溝通過，談好合作細節，並將協議內容白紙黑字寫下來，方便日後的執行與驗收。

第三步　執行

全力以赴是工作時最重要的態度，千萬不要馬虎敷衍。執行專案時，持續與客戶溝通是很重要的，如此一來，不僅可以減少錯誤，也能提高專案品質。此外，照顧客戶的情緒也是一項要領——人是情感的動物，讓客戶感受到尊重，很多問題都能迎刃而解。

第四步　驗收

驗收工作有時候很麻煩，尤其是遇到「奥客」時。但既然接下了工作，就該一本初衷，確定已完成客戶要求的內容。這時候，白紙黑字留下紀錄的重要性再度出現。如果當初把協議事項都寫清楚，驗收起來就會容易許多。台諺有云：「收錢才是師父。」驗收就是為了收款，有時客戶百般推託就是不想付錢，考驗代工者的耐心！

第五步 客戶服務

「**服務**」是顧客滿意的關鍵，也是重要的價值來源。很多人以為，一手交錢、一手交貨以後，就能拍拍屁股走人；殊不知，會做生意的人，往往是在這筆生意還沒結束之前，就把下筆生意談好了。**把服務做好，才是永續經營之道**。

立即上手：了解代工市場

根據104專業外包網做過的調查統計，選擇從事外包工作的最大原因是「**可以掌握不同領域的學習機會**」；其次是「**提升收入**」。也就是說，對於從事宅代工者來說，自由

宅代工可行性分析

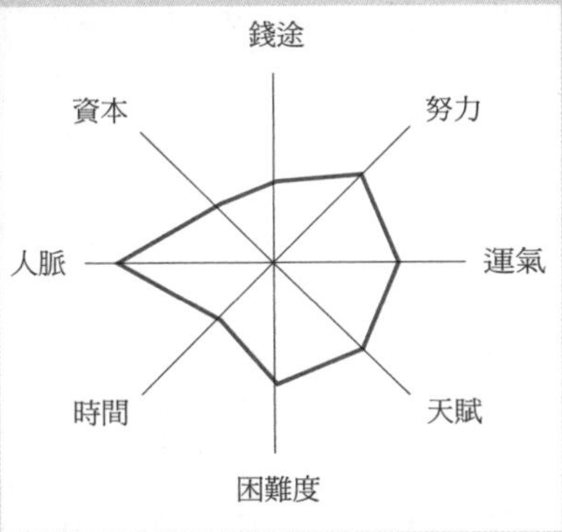

宅代工最重要的就是人脈，無論工作的難易程度，總是得有案源才有工作，有工作才有收入。尋找案源得靠人脈，而由於出錢的人最大，加上消費者意識抬頭，因此遇到奧客的機會不少；從這個角度看來，要找到合作愉快的好客戶，也得靠幾分運氣。

此外，做代工最重要的是要有好的技藝水準，但並不需要特別大的資金，時間也相當自由，這是從業的優勢。最後，技藝這東西，總是需要努力與天賦才能養成。

總的來說，宅代工創造的價值只能算是「附加價值」，錢途也只能算是中等；相對來看，困難度也不算太高。

遠比收入來得重要，好讓自己隨時有不同的生活體驗，學習不同領域的知識與技能。

對於擁有專業技能或專業知識的人來說，進入職場並非工作的唯一選擇。從事專業接案的工作型態優點不少，以社會新鮮人來說，或許工作經驗或專業度不足，但仍可選擇無限制接案年資的案件，或從案件預算較低的案件開始著手，以較低的外包費用吸引企業主，並可提供個人相關作品增加接案的成功率。

以本章將要介紹的案例主角Sandra為例，她擔任過許多紀錄片的配樂製作，卻不隸屬於任何一家企業。對拍攝紀錄片的單位而言，除非有足夠的規模和穩定的資金與財務結構，否則在製片數量不定的狀態下，通常不會也無法將配樂工作者納入基本的人力。許多優秀的配樂工作者也自成系統，除非有足夠的誘因，否則不太願意被收編。專案（影

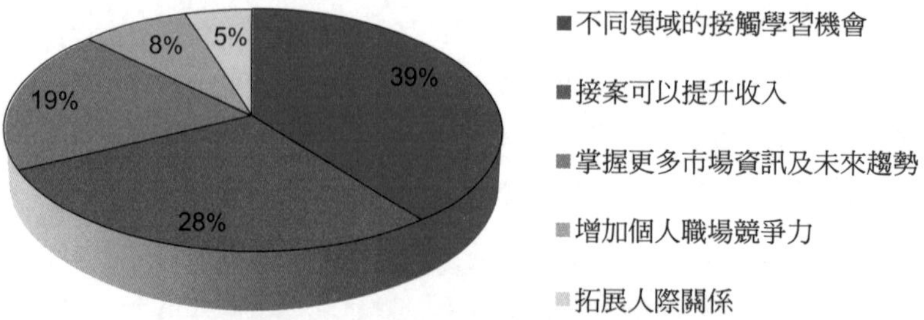

接案最大的收穫（104專業外包網2005年8月調查）

片）與配樂者通常以合約的方式進行合作，在一定的期間內，將配樂者納為團隊成員，配樂者得隨時配合影片之拍攝與進行，使音樂與影像的結合達到最好的狀態，但往往在專案完成之後，各領域的工作人員又回到各自的宅代工狀態。

攻略：跑腿族

攻略要點：不要怕麻煩，別人才會把麻煩事交給你。

做代工不能怕麻煩。人家付錢給你代工，便是要把自己覺得麻煩的事交給你。因此，處理麻煩事也算是宅代工之所以興盛的原因之一，跑腿族便是一例。

顧名思義，跑腿族便是幫人跑腿。跑腿族有點像多功能的快遞，除了文件收送之外，也接受各種不同的委託。目前網路上有不少跑腿代工的服務資訊，以「萬事達人力跑腿族」這個交流平台為例，網站上列出的接案內容，洋洋灑灑有三十多種——從你能想像的代辦監理服務、代購服務，到你無法想像的代為道歉、離婚見證等等，無奇不有。

再舉一例，某個美式商場規定，持會員卡者方能入內消費，對於到此商場購物頻率很低的消費者而言，為了買某些商品得花上一筆會員費，並不划算。因此，時常可以在網路上看到「代購某商場貨品」的消息，也就是由該商場的會員依照實際標價代客採購商品，再加收少許手續費，甚至還送貨到家；還有的人會親自帶你去買東西，再用他的會員卡結帳，依購物時間長短計費。這種「**帶／代購**」的跑腿族主要得有時間，因為代買東西難免會遇到規格不符、折扣計算等等問題，需要耐心與不怕麻煩。

因此，要當跑腿族，首先最好能有各式會員卡、集點卡、認同卡等等，讓你的採購

跑腿種類	交易方式	獲利途徑	必要條件
帶購	帶人進入會員制商場購物	多以時薪計	商場會員卡
代購	代人採購物品或代購會員商場物品	一般：計時收費 特殊：依採購額度收手續費	商場會員卡、有送貨能力（車）
多功能快遞	取件時收費	大量：以件計 特殊：以距離計	時間配合度 有交通工具
參與跑腿族的方式： 1. 自己在blog或拍賣網站上張貼廣告。 2. 加入跑腿族團體，有案子會依地點範圍分區通知。 3. 計時收費城鄉差距大，時間愈久，議價空間愈大。			

跑腿族須知

能達最佳價格與獲利。其次，跑腿族可以在網路上刊登跑腿消息，或是加入各大跑腿族團體，成為你住家附近跑腿服務的駐點。

報稅也能跑腿服務！

過去的報稅方式比較瑣碎，得人工填寫、校對，因此每到報稅季節就讓人頭大，尤其對眼力不佳的中高齡者來說，小小的格子要填入那麼多字，非常吃力。而現在，網路報稅雖然已經省去許多麻煩，但對於不會使用電腦的人而言，仍是一項困擾；又或者長輩不想讓晚輩知道自己的財務狀態，但自己又不會使用電腦時，也可以請人代工。

幫人報稅需要耐心與細心，在數字上不能有差錯，少或多了一個零，結果都是由委託人承擔，馬虎不得。如果你的客戶正好是不想讓晚輩知道太多的長者，那麼文件的傳送與溝通還得更加小心。

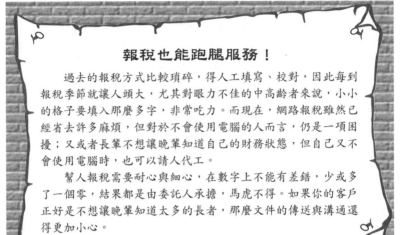

攻略：攝影與影視後製

攻略要點：作品要保持一定水準，守紀律，準時交件。

依照拍攝照片種類的不同，攝影師可分為專門拍攝用於報導通訊之照片的攝影師、專門拍攝風景圖物的攝影師，也有專門拍攝人物照片的攝影師。就照片刊登發表的媒體不同，有專門出版攝影寫真的攝影師，也有專門將照片賣給報紙或雜誌的攝影師，也有的攝影師是在婚宴上幫人照相收取費用。想成為專業的攝影師，除了接受視覺傳達科系的專門訓練以外，還得有豐富的經驗和天賦的美感，再加上熱情的服務態度。

近年來攝影數位化之後，除了硬體設備更加聰明便利之外，修圖軟體也愈來愈簡單。一般而言，愛好攝影的人士都會把自己的作品放在網路上供人欣賞，許多優秀的攝影師便是藉著網路流傳而被發掘。另外，口碑也是很重要的要素，要讓看過你的攝影作品的人印象深刻，作品要能保持一定水準之上，客源才會不斷開拓。

至於影視產業的後製，指的是在節目拍攝完成後，剪接與效果的處理。擔任後製的工作，除了本身對節目流程要相當熟悉之外，應用字幕效果或圖片的能力也要很好。比如說，當節目主持人說某個來賓長得很像卡通人物

種類	交易方式	獲利途徑	必要條件
攝影錄影	約聘計時	約聘以時／月薪計	・人脈 ・技術 ・紀律
影視後製	計件	約定價格	

參與方式：

1. 在網路上放上自己的作品作為廣告。
2. 明列價格、種類、服務限制。
3. 計時收費，時間愈久，議價空間愈大。

攝影／錄影／後製的門道與熱鬧

波妞的時候，節目後製就得在這個時間點插入波妞的圖片，而為了著作權的問題，還得先知會版權公司取得同意，這些動作都要在很短的時間內完成。因此，許多影視公司節目小組都會找專人負責後製工作。然而，能有完整後製設備的影視公司不多，因此影視公司有時會將後製外包到熟悉的後製公司或個人。後製工作雖然僅是執行最後的修飾工作，但手上的帶子是花了許多經費製作拍攝完成的母帶，一個不小心的動作可能就會帶來無法想像的損失，不得不謹慎。

攻略：動畫、插畫與網頁設計

攻略要點：主動出擊，尋找可以效力的對象！

近年來，無論是廣告、節目、短片或特效等等多媒體形式，常常使用動畫作為效果。熟悉電腦動畫軟體的人，往往能兼職做動畫的設計。如果要專精、專業與更上一層樓的話，許多學校設有多媒體設計學系、動畫研究所等等，都是學習動畫工夫的好地方。

動畫於各式媒體上皆能呈現，因此，合作模式也就很多元化。與電視節目的配合常以包案（節目）的方式進行，好比某節目內容中，每集都有固定單元以動畫形式表現，這種合作模式往往是節目單位已經企畫好動畫的內容元素，也提供劇本與對話，動畫單位只需按照劇本呈現出來即可。在這種模式之下，製作單位能夠掌握節目內容，而動畫公司雖然必須在一定時間內完成委託工作，但事實上動畫最困難的元素，劇本及對話，已經有現成素材，因此只要角色的界定與設計成形之後，後面的製作通常就能如魚得水。

而**插畫**的運用就更為廣泛，從報紙、廣告，到音樂專輯、電影海報等等。插畫一般都是由出版社或廣告代理商委託進行，知名的插畫家往往是多年資歷累積的結果。從事這個行業，雖然未必要到專科學校或是美術相關科系學習，但最好還是能先學習基礎的繪畫技巧，與學校的老師和同學互相激勵，藉此建立好人際關係，對於日後的接案會很有幫助。

由於動畫與插畫工作都能在家裡進行，相當適合宅代工。台灣並沒有插畫專門科系，一般而言，除了繪畫技巧外，作品是否具有個人風格是脫穎而出的關鍵。多數插畫家都以個人工作室的型態接案，因此需要良好的自我時間管理，才能在工作量和健康之間維持平衡。而動畫則常見以團隊的型態接稿，綜合各人專長共同完成稿件，或是接受不同類型的

插畫價格差距大！

一般而言，出版社能夠付的插畫費用較低。在接案初期通常是按書計價，不以數量來算，也就是在雙方同意的價格條件下，某一本書需要插畫的地方都由插畫者負責，不論要畫多少幅。廣告的插畫價格落差就更大一些，端看委託人的預算。當然，資深大牌的插畫家是以「幅」計費，而通常插畫的著作權，除有特別約定或買斷，仍屬於原創插畫家，插畫的運用僅能用於「該合作作品」，屬授權使用性質。

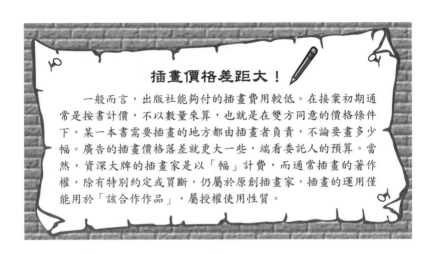

約稿，由擅長的成員完成。

設計創作類事業，是宅經濟中最典型的類別，因為所有需要溝通的部分，都可以藉由網路完成。但也由於設計的主觀性與委託人的需求有時表達不清，所以設計工作者常必須把自己主觀的喜好降到最低，以配合委託人的需求。

而談到設計，就不能不提台灣的另一光：三度入圍葛萊美獎最佳唱片封面的蕭青陽。無論你認不認識他，二十年來他設計出八百多張專輯封面，包括江蕙、陳綺貞、胡德夫、豬頭皮、金門王李炳輝、陳建年、紀曉君、陳明章、四分衛等等。雖然經驗傲人，但碰到要修圖、遇到瓶頸或唱片公司決策搖擺時，他都秉持一個原則：隨時接受調整。

接著要談**網頁設計**，目前大型企業的網頁設計多交由專業的公關和設計公司處理及維護，因此在目前的市場上，個人設計不容易拿到大型業務，除非你是大牌設計師。但需要網頁設計的客戶還是很多，怎麼去尋找有需求的客戶就是一門大學問。舉例而言，一般行業都有特別的銷售期，比如說，賣雪衣的不會在夏天賣，賣冰棒的很少在冬天促銷，那麼在夏天即將來臨之前，我們就需要讓賣冰的人知道，「該開始促銷了」，而「我」可以幫你設計DM和網路廣告！

BJ宅智慧：再次提醒，做任何委任交易之前，一定要先簽訂契約，否則你就等著被宰割。

再舉例來說，每年五、六月多是畢業時刻，畢業生需要什麼？音樂系所要辦畢業音樂會，而音樂會就需要海報及宣傳，一班音樂畢業生通常有二、三十人，個個要開獨奏會，得設計海報，但這個市場卻常被忽略。這就是你的機會！

攻略：翻譯與校稿

攻略要點：從小而大，從少而多，廣結善緣！

從本質看來，只要讀得懂外文，中文表達能力也好，翻譯這一行並不困難。台灣雖然出版社不少，出書種類也多元，但主流語文（英、日、法語等）的專業資深翻譯，已足夠包辦現有書籍的翻譯市場，不一定能夠釋出機會給一般兼職翻譯人員。

如果想以翻譯維生，在初期階段應該退而求其次，尋求較小規模的翻譯機會，會是一個比較安全的策略。台灣許多翻譯公司隨時都在尋找譯者，翻譯的文件從合約、廣告、商業信件等等都有，隨時都有需求。這些案件通常內容不長，講究的是清楚明白、言簡意賅，正是入門練習的好機會。

即使你的外文能力非凡，文字運用如行雲流水一般，但在入行初期，專書翻譯的機會還是比較難尋。或者你也可嘗試翻譯佳文小品，尋找機會發表於網路、報紙雜誌等各式媒體，如果內容言之有物，在幾個小品之後，自有獵人來獵。

誰是賴明珠？

賴明珠是將村上春樹引介給台灣讀者的早期推手，當時她翻譯了《失落的彈珠玩具》和《遇見100%的女孩》，引發了村上春樹風潮，接著她便專心翻譯村上春樹的作品。直到二〇〇一年為止，共翻譯了十五作品，並發展出自己的翻譯風格，常被讀者拿來討論。

不過如果你擅長的是亞美尼亞語、克什米爾語、俄羅斯語等各類外星文，那又另當別論了。冷門的語文人才總是很缺，如果你的中文恰巧又很棒，那麼就可能成為印歐語系的賴明珠。

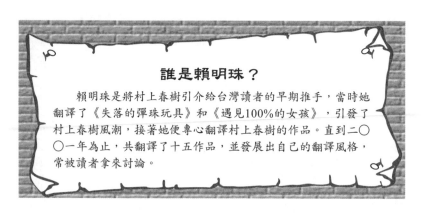

一般翻譯的價格約在千字三百至六百元之間，冷門語系的價格更高。

校稿是書籍雜誌完成前，最後的整編工作。對於中文書籍而言，通常得經過多重的校對工作，從作者、編輯到審訂都有；近年來兩岸互動頻繁，簡繁中文的轉換，也成了校對業務的一部分。對於外文翻譯書籍而言，校稿最重要的工作便是書籍前後文的名詞統一，比如書中主角前面叫彼得，到了後面卻叫比德，會造成讀者閱讀的困擾。由於譯者在翻譯的過程中，偶有疏漏，因此翻譯的作品很需要校稿的工作。但因出版業務的利潤減少，校稿工作多由出版社編制內的編輯負責，壓縮了外包校稿的工作機會。

最後，不得不談一下標案的承攬。政府單位時常有許多活動必須轉外包，而承包單位由於需有相當的預備金，往往以大型公司得標的機會比較高。時常可以看到，在高雄舉辦的某某電影節，承辦單位卻是台北的某某公司；明明在高雄辦的某某客家活動，承辦單位亦是從台北遠道而來的公關公司。台北的公司到高雄辦活動，雖然承包的是大型政府活動，預算較高，但若增加過多的人力成本，也不符合效益。因此，許多公關公司會再把整個活動拆成許多小型執行單位，比如現場工作人員的調配、旗幟宣傳品的製作等等，將其發包給當地的公司或個人。如此一來，便不需太多編制內的人力，可節省大量人事成本。

本章案例中的 Sandra 小姐，就是專門承包這類標案的老手。她在一九九九年取得 Peabody Conservatory（世界三大音樂學院之一）的電腦音樂碩士學位後回台，時逢網際網路產業蓬勃發展，她進入全國最大的網站設計公司擔任專案經理，曾參與聯合新聞網、天下雜誌、明日報

種類	交易方式	稿費	必要條件
校稿	約定稿費	千字100-400元不等	中、外國語文
翻譯		千字300-600元不等	中、外國語文

翻譯與校稿簡介

等國內主要媒體E化專案的規畫與執行，對於網路品牌的重新定位與通路經營策略都有深入了解。同時，她還組了個 Indulge 樂團，開音樂會，並錄音發表。

後來她加入日商台灣角川出版社，負責成立數位媒體部門，著手電子商務開發及內容數位化業務，與國內各大電信及網路業者進行專案合作。接著又轉入廣告界服務，擔任數位互動媒體行銷總監，依據客戶實際的需要，量身打造所需之數位化的媒體呈現，並協助客戶內部做科技機制整合。二〇〇四至〇五年間，她也參與世界知名重金屬樂團《閃靈》的《塞德克巴萊》專輯錄音及製作，配樂經驗橫跨影像、舞台劇等創作方式。

看了這麼多嚇人的經歷，你也許很好奇她現在在做什麼？她已經辭去國際廣告公司高階主管職務，專門從事宅代工，且聽她娓娓道來……

案例 SANDRA LEE：跨界經營與合作的宅代工高手

主角介紹 

除了前頁提到的嚇人學經歷之外，從小在基督教家庭中長大並學習藝術的Sandra，小時候總以為自己未來不是當老師，就是在教會擔任音樂服侍的工作。沒想到竟然繞了這麼大一個圈，才走上自己想走的路。

雖然在她進入社會以後，擔任過令人稱羨的業務及管理階級相關工作，但她常常在心裡問主說：為什麼我沒能好好當一個藝術家啊？當她的第一個孩子誕生之後，生命開始出現不同。由於她想要增加與孩子相處的時間，對於工作亦感到些許的疲憊與倦怠，加上內心還是很想做音樂，於是她萌生在家創作的念頭。所幸，她先生也支持她這麼做，於是她現在在家工作，靠創作音樂維生。

如何開始宅代工

由於Sandra以前在廣告公司工作時，認識了許多有音樂需要的朋友，好比廣告配樂、紀錄片配樂等等，因此，她在剛開始從事宅代工時，就接到了案子。「朋友的短片需要運用到音樂創作，所以我就這樣開始了代工之路。」雖然實際收入不多，有時也只是「作口碑」般地意思意思收費一下，但長遠來看，在人家還不認識你及你的作品時，這不失為一個入門方式。

過來人的話：音樂代工的門檻其實不高，尤其現在電腦軟體這麼方便，要做音樂並不困難。難的是要不斷進步，創造出自己的音樂風格與特色。人家為什麼要找你？一定是你的音樂有些別人所沒有的元素。那麼，要如何找到自己的風格呢？臨摹自己喜歡的作曲家、配樂家，訓練自己對聲音的敏銳度；而除了音樂之外，還是得多接觸相關藝術欣賞的刺激。

為了爭取更多機會，沒錢的也得去試試看。**有機會就盡力去做**。

在家創作初期，最好能有人脈和門路，才能打好地基。你得先認識「需要」音樂的人，比如說電影導演、舞台劇導演、紀錄片製片等等，他們都是你的潛在客戶。但要去哪裡認識這些人呢？台灣電影產業並不蓬勃，近年來除了《海角七號》以外，少有導演能大紅大紫到沒時間參與電影座談會。因此，多數導演對自己的作品要上映了，都會非常謹慎，有時間一定會去參與上片的首映等等場合，大部分時候，導演也都會親自參與映後座談會。這類的首映會，除了電影本身的行銷，也是導演與觀眾最直接的面對管道。因此，如果你已經有音樂作品，務必帶在身邊，與導演近距離接觸時便能自我推薦。另外，朋友之間的推薦也很重要。你得讓人知道你在創作，隨時準備好作品。現在網路便捷，若有展示片段，也可以放在網路上給有需要的人參考。

另外，最好給自己預設一個時間，半年是合理的目標。如果限期到了，營收仍不佳，就得有備案。以 Sandra 來說，她有孩子與家庭，所以在理想與現實間得兼顧，而全時的代工工作通常無法兼顧兩者，所以她很多時候只能找個 part time 的工作來維持現實生活所需。通常很多藝術家都會有這個時期，期間不一。而在家工作雖然有點理想色彩，但在食

種類	方式	入門條件	找誰？	怎麼找？
電影	包案	・獨立作業：作曲編曲到演出都要會。 ・合作：樂團錄音與編制協調。 ・多元呈現與發展：舞台劇、多媒體音樂設計能力。	・導演 ・製片	・電影首映／映後座談會。 ・郵寄作品至電影公司自薦。 ・確認對方收到你的作品，並保持聯繫。
廣告	・產品 ・廠商 ・公司		・廣告公司 ・公關公司	・郵寄作品至廣告公司。 ・確認對方收到你的作品，並保持聯繫。
初期：薄利多銷廣結善緣。中期：作品多元發展。長期：建立個人音樂風格。				

音樂宅代工密技

衣住行的花費上確實也相對地減少許多。

宅代工甘苦談

Sandra 表示，在家工作對她而言好處很多，諸如生活自由、活得比較環保、減少很多資源浪費（交通與辦公室設備），可以自己處理庶務，覺得生活比較充實，還可以做自己想做的事，吃得也更健康（不需外食）。

「我不是個規律的人，生活比較隨性。在家工作卻讓我更能掌握與分配自己的時間。」Sandra 這麼說道。

但若說有什麼苦處的話，經濟來源

較不穩定是一個主要缺點。但如此一來，反而讓人被迫學會節儉。此外，**社會認同有時候是一種壓力**，因為一般人還是認為固定上班是比較正常的生活方式，要有個固定的工作才比較有保障。所以碰到要介紹自己在做什麼時，對Sandra來說也是滿麻煩的一件事。

另外，在音樂代工的市場中，委託的案主大半是藝術家，對別人生活的考慮比較少，偶爾會不分晝夜地連絡溝通，反而導致生活更不正常。而且由於是外包的形式，通常委託人也是受別人委託而有製作機會，所以常有付款延遲的問題。

一般企業的員工，除非在會計部門工作，否則對於款項、薪資等庶務其實無須太過煩心。但在家工作者必須自己面對收款、催款、合約、音樂形式的討論等等問題，這些全成了必須自己來的「業務」，所以Sandra建議想要在家工作的人，最好還是能有實務工作經驗，在處理和面對這些事情時，會比較得心應手。

此外，創作版權也是很重要的一個細節。關於創作版權，除非買斷，否則目前多以授權處理為主，也就是在一定時間內，該產品可以用創作者的音樂進行任何的促銷使用。而在家創作的壓力，主要來自於曲子創作期間的修改，這個磨合過程少不得，而且往往是客户與創作者各説各話、各自表述，因為影像與音樂的結合原本就比較主觀，所以接案經驗多了，也要懂得選擇合作對象。

給新進者的話

對Sandra來說，音樂創作其實是很主觀的，雖然她有專業與古典音樂的紮實訓練背景，但很多時候，還是得說服導演或客戶，她為什麼要這麼做。以下這段話，是她要給從事宅代工者的建議：

一開始不要想說會賺多少錢，通常得過半年到一年才有較多獲利可能。有一個機會上門，就會帶來其他的機會。我認為宅在家接案子，並不是因為沒有工作，而是因為現在網路發達，大家可以透過網路交易而不用出門。過去對「宅」的認知是封閉的，但我並不這麼認為。**宅，是創造商機與生活的新方法。**

宅經濟
全攻略
攻略一
宅創作
內容是王，有價值的東西才賣得出去！
要能寫出與眾不同的東西。
攻略二
宅交易
只買我們自己用了覺得很好用的東西。
切記，絕對不要借錢來炒作。
攻略三
宅代工
不要怕麻煩，別人才會把麻煩事交給你。
主動出擊，尋找可以效力的對象！
攻略四
網路創業
競爭，就是無所不用其極地打倒對手。
服務！服務！服務！姿態愈低就愈賺錢。
攻略五
吃公家
準備好相關資料，早申請早享受。
留意可能的機會，先搶先贏。
攻略六
搶攻御宅族
要殺就要殺最大，千萬不要殺不開！
要做自己喜歡做的事！

談到宅經濟，許多人腦海中浮現的第一個念頭就是「網拍」——在網路上開店創業，免店租，工作時間又自由……說得好像你躺在家裡，東西就會自動賣出去，收銀機跟著叮叮噹噹響，非常不真實！

其實網路創業一點兒都不簡單。在網路浪潮中翻滾幾年下來，ＢＪ看過的網路創業計畫書至少一千份，各式各樣的創新商品都有，奇想怪著紛呈，你絕對無法想像。但是，超過九成（其實是九成九）的網路創業者都倒了，其中的關鍵原因就在於：多數人真的**把網路事業當作電動在打！**

網路世界不是「另一個世界」，它的基本道理跟我們的真實世界一樣。因此，如果你不懂現實世界的遊戲規則和商業經營概念，在虛擬世界就很難成功。想做網路創業，還是得乖乖地從商業基本流程學起，所以本攻略就從創業計畫開始教起，再進行實務演練，然後我們會提出成功案例，並分析其經驗，助你在網路創業的路上走得更順暢。

ＢＪ宅智慧：網路事業是anytime、anywhere，但服務很難anytime、anywhere。

概論：網路創業基本流程

第一步 尋找貨源

買低賣高的生意中，第一要緊的就是找到低價貨源，而且最好是別人想不到、辦不來的貨源。從國外帶東西回來賣，也就是以前所謂的「跑單幫」，在宅經濟時代還是可行的。如果國外有門路，看見流行的新玩意兒就批回台灣賣，只要能搶得先機，通常就有賺頭。不然，你也可以自己上大市集尋寶，或多參加展覽，自己發掘有趣好玩的東西。

如果你自己就有商品設計的能力，那就更棒了！只要能找到人代工生產，利潤鐵定不少。台灣是世界第一的代工大國，台灣人腦子靈活，不管什麼東西，只要你想得出來，就有人做得出來，唯一要小心的是，千萬別被人家給模仿了。反過來說，如果你想賣的東

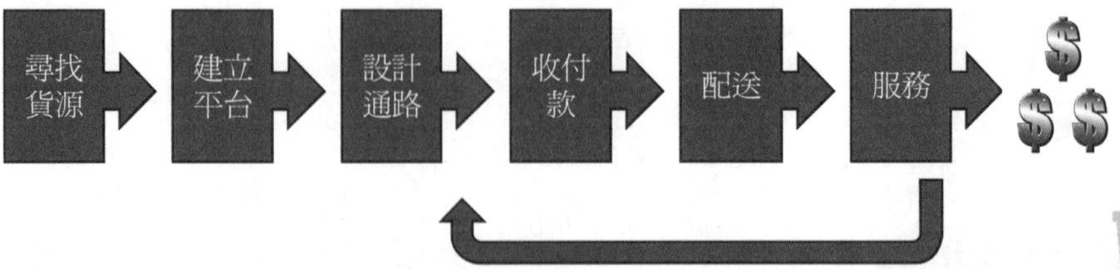

網路創業流程圖

西並不新奇，那麼就得想法子降低成本，比如說，尋找更低廉的生產者。找到貨源以後，記得妥當安排供貨，最好是把數量、價格、付款條件……全都白紙黑字寫下來，有憑有據。

第二步 建立平台

要建立網路銷售平台，最簡單省事的方法，就是利用現有的免費網路平台，直接把你的商品資訊刊登上去。申請使用網拍平台如 eBay、Yahoo、露天等等的手續都很簡單，缺點是版面不自由，也要受平台使用規則的約束。

難度高一點的話，你也可以自行製作網頁，放在主機或網頁託管服務的平台上。這些服務有的要收費、有的不用。但一分錢一分貨，**貴的方便穩定、便宜的陽春、免費的沒保證**，如此而已。

第三步 設計通路

要在網路上賣東西，做個精美的網頁是必要的。不要以為隨便打幾個字，就會有生意上門。粗陋的宣傳只會暴露出你對生意的不用心！最好是做些美編，把文案寫好，不然就花點錢請專業的人幫忙。

顧客訂購的方式也有簡單複雜之分：最簡單的方法就是留下你的電子信箱，讓客戶寫信來訂購。缺點在於，垃圾郵件氾濫，你永遠不知道來信是真是假。**多多確認網路訊息，是網路交易的要訣**。複雜一點，你可以採取電話訂購，或建立網路訂購系統。

讓買賣交易雙方都比較安心的作法，是建立客戶基本資料庫，讓他們免費註冊填寫，然後用電子郵件、電話確認一下。同樣地，你也應該在你的銷售網站上留下網路以外的真實連絡方式，如電話地址，以及詳細的服務流程及條款，這樣客戶向你購買商品時會比較安心。和虛擬遊戲不同的是，做生意不能「匿名」。

信用第一，別藏頭露尾。

第四步　收付款與配送

販賣的商品不同，收付款（金流）、配送（物流）的方式也有所不同。以販賣烤鴨為例，要把熱騰騰的鴨子送到客戶手上得搶時間，這時候也許「面交」的方式比較適合。而不那麼需要時效的貨物，可以託付給貨運、宅配、快遞業者來配送。現在有一種「代收貨款」服務，不但幫你送貨，還幫你收錢，對買賣雙方來說都相當方便。不過由於交通狀況比較難掌握，宅配送貨常因不準時而惹來客戶抱怨，為求保障起見，可以考慮花一筆錢建立線上付款機制。

第五步　售後服務

買賣並非只是銀貨兩訖，說句謝謝，生意就到此為止。永遠要記住，這一次的生意是下一次生意的開始，服務最重要的做生意要領。**服務！服務！服務！**要訣是，**姿態愈低，就愈賺錢**。

立即上手：創業演練

三、四年前，台南東門圓環有兩家烤鴨店，兩店之間僅隔一條馬路對望，賣一模一樣的烤鴨三吃。由於兩家店的商品幾乎沒有差異，為了爭奪客戶，價格競爭勢不可免。於

網路創業可行性分析

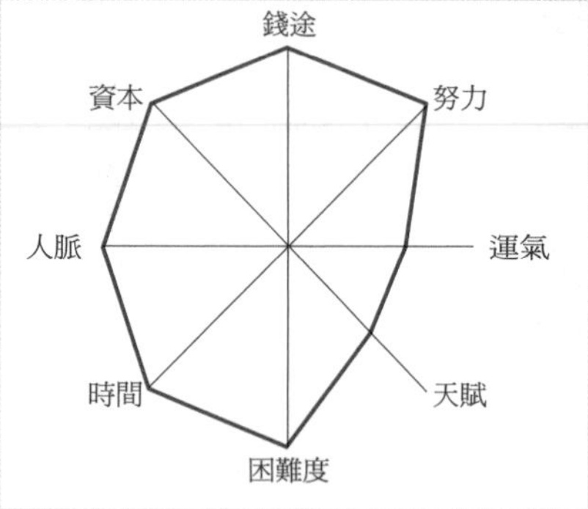

相較於其他宅事業，網路創業所需的資源比較多。

資金方面，視網路創業事業計畫的規模大小，有不同程度的資金需求。如果你想要成立一家公司，需要的資金就會比較多。

而要做生意，人脈關係是非常必要的工具，擁有各式各樣的關係，才能夠應付很多商業的潛規則。另外，做生意需要全時投入，不能假他人之手，不能偷懶，才有成功的機會。

在創業這一塊，個人的努力比天賦要重要多了，只要你肯投入去做，突圍的機會就愈高。最後，事業成功通常需要幾分運氣，需要人事時地物的配合，因此運氣成分不能少。

是，當一家店貼出「流血價：一隻兩百五」，對面那家隔天一定也貼出「噴血價：一隻兩百」，接下來幾天，你殺我降，我降你殺，終於達到恐怖平衡，兩家同時貼出「倒店價：一隻一百」。

這兩家店到底有沒有賺錢？這不是討論的重點，在此我們看到的是一個事業機會——如果你每天早點起床，到兩家店各買五十隻烤鴨，然後載到高雄辦公商圈去賣，一隻賣兩百就好（高雄市烤鴨的行情價是兩百五到三百），這麼做能賺多少呢？

一萬，每天至少獲利一萬元！也就是每個月收入三十萬，哪個科技新貴比得上！嗯，看來有利可圖。我們來進一步評估可行性：

流程	尋找貨源 ⇨	建立平台 ⇨	設計通路 ⇨	收付款 ⇨	配送 ⇨	服務
可行方式	‧跑單幫 ‧批貨 ‧自己設計	‧現有網路平台 ‧自設網站	‧文案撰寫設計 ‧建立訂購方式	‧匯款 ‧面交 ‧代收 ‧線上付款	‧親自配送 ‧宅配 ‧貨運	售後問候與問卷
實行重點	‧買低賣高。 ‧與貨源簽約。	‧免費的沒保證。 ‧平價的陽春。 ‧高價的方便穩定。	花小錢成大事。	業務穩定後，建議使用線上付款機制。	需注意配送物品的種類與時間。	修正產品品質，增加下次交易機會。

網路創業密技

長期成本：要先準備一台小貨車和相關生財器具，如儲架、保溫箱。這些東西不必買新的，可以到二手車和二手器具拍賣場去找，價格非常便宜，十萬元絕對可以全部搞定。以獲利速度來算，半個月就回本了。

進貨成本：在這個案子中，由於利潤空間頗大，可以多給供貨商一些甜頭。建議可以和烤鴨店老闆簽訂長期供應契約，保證供貨的品質、價格、數量等等。

生產技術：免！也就是說，即使你是個什麼實用技術都沒有的阿宅，還是可以做這項事業。

銷售路線：從台南東門圓環開車到高雄熱鬧商圈，走高速公路約需六十分鐘，所以最好在早上九點前就將當天要賣的烤鴨準備好上路。每天的交通費（不含超速罰單）約三百元。

銷售場所：高雄五福、三多商圈。把貨車停好、招牌掛起來就可以賣了，要機靈點，看到警察伯伯要閃。這兩個地段的辦公大樓很多，上班族也多。人潮就是錢潮，你也可以勤快一點，進大樓去推銷、發發傳單，鼓勵大家一起團購烤鴨。由於價格優勢，一定很好賣。如果你不想多費脣舌推銷也無所謂，把價格海報寫大一點，貼滿小貨車吧！

銷售量：以這樣低廉的價錢，一天賣一百隻烤鴨不是難事。如果你擔心的話，就一隻賣一百五十元好了（一天收入變五千），保證半小時就被搶光，而你還是很有賺頭。

備　案：如果……如果……正巧高雄人不愛吃烤鴨呢？那就改到台中逢甲商圈賣，交通費多花一點；再不順利，跟他拚了，四點起床，開車到台北敦化民生商圈也才四個小時……那裡有的烤鴨一隻賣一千多塊，是你的十倍！如果還是賣不出去的話，那就沒救了，想想別的生意吧！

網路迷思：
網站本身就是宣傳，不用再打廣告？

這句話完全是傻話，道理很簡單：全球網路上有多少個網頁？保守估計有五、六十億筆，也就是說，網站比全球人口還多。別人如何知道你、認識你呢？說得悲觀一點，網頁不管做得再美再好，不宣傳廣告的話，沒人會來！BJ 自己擁有一個超過六十萬人造訪的部落格，我做過一項實驗，把網頁內容一模一樣地複製一份，另外成立一個部落格，一個月下來，點閱率多少你猜？六十，還是我自己早晚一次巡視點出來的。

看了以上評估計畫，你說這事業能不能做？這是真實案例。其實，不管做任何生意，最怕的就是明知道有賺頭，還不肯踏出去做。現在，應用**買低賣高**的觀念，我們也可以把賣烤鴨的生意進化成**宅事業**。由於貨源部分已經有好的起點，所以我們就從建立平台開始規畫起。

建立平台

如前所言，你可以在各大部落格網站或網拍平台刊登廣告；或者你也可以為你的烤鴨事業特別設計一個網站，並製作精美網頁，放在主機或網頁託管服務的平台上。

設計通路

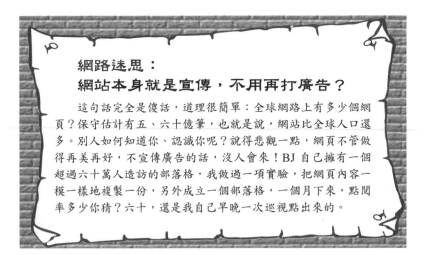

既然是宅事業，就是要在家中接訂單。所以你可以把買貨車的錢拿來添購電話線路，最好還有 0800 免付費專線，在網站上載明訂購專線，或印製傳單到住家附近的辦公大樓發送。收到訂單之後，則可以自己送貨，不過這麼一來，服務範圍就會受限，生意也會少些；或者，你也可以考慮利用宅配服務，但以本例來說，烤鴨的單價低，利潤可能都還不夠託運成本，不太適合。一般來講，單價高、利潤空間大、體積小、重量輕的東西，比較適合以託運、宅配來傳遞。

或者你可以將接電話的成本拿來建置線上訂購系統，好處是省時省力，但重點還是如何提高網頁的曝光率，並建立完整的服務流程。試想，如果有人半夜三點想吃烤鴨，真的上網訂購了，你能服務得到嗎？

不只烤鴨，其實大部分的商品都有這個限制。

人工最貴！

使用電話服務有個缺點，「電話要有人接」，因此，你必須在電話旁待命；若要另外請人接聽電話，最好找聲音甜美的人代勞，這意味著額外的成本支出，算一算可能划不來。

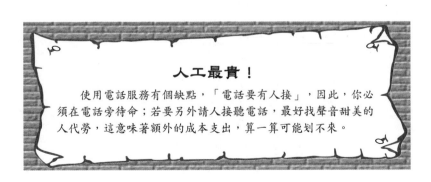

線上付款機制

現在比較流行的線上付款機制是SSL安全認證。這是一種電子加密技術，可以幫助買賣雙方「**確認**」對方的存在，並且保障資料在傳送中不會被第三者截取、改造，可以說是一種相當安全的交易機制。SSL的失敗率遠比你在菜市場收到偽鈔的機率還低。現在，要建立SSL機制並不需要懂得資訊技術，只要到網路服務提供商（如中華電信）申請即可，當然，要花點錢！

收付款與配送

若是親自送貨，可以採一手交錢、一手交貨的方式。不然就是花錢建立一套線上付款機制。

售後服務

做生意，服務最重要。如果客戶買了你的烤鴨當午餐，建議你在當天再打通電話或透過郵件，問問他們的意見：鴨皮脆不脆？炒得會不會太辣？如果客戶稱讚東西好，你會對自己更有自信；如果客戶說不好，你一定要謙虛回覆說「抱歉，下次改進」，姑且不論能否改進，最起碼顧客會認為這個老闆有用心，再上門的機率就會高一點。

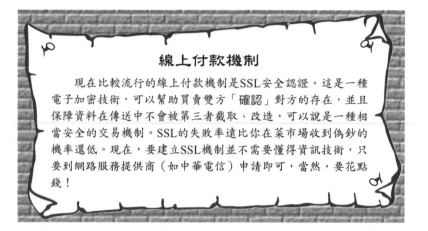

攻略：擬定事業計畫（Business Plan）

經營任何生意之前，首先要決定的是你的「**商業經營模式**」（Business Model）——這門生意到底要賺什麼錢？怎麼賺錢？把錢的流動方式搞清楚，確定會有錢在流。

這就是商業經營模式！

商業經營模式要怎麼規畫？其實一點都不複雜。好的商業經營模式都有一個簡單平易的故事。挽救 Giordano 並為自己創造可觀財富的黎智英先生，他說過他的經營訣竅是：「如果我的經營模式比你的簡單六倍，那麼，只要我不比你笨六倍，我豈會沒有贏的機會？」然後，他想辦法減少、簡化貨品的種類，把貨品集中在基本的實用款，從每季三百多個款式減為五十多個，只剩六分之一，相對地大大減低了經營的難度，成功打敗對手，在市場上取得立足之地。

BJ宅智慧：好的商業經營模式，除了要能創造錢潮，還要能留得住錢潮。

所以，擬定事業計畫的第一步，就是把你想到的經營模式寫下來，反覆思考，刪掉贅餘的形容詞，變成一百個字以內就能述說的故事，大概像這樣：「為客戶提供某某商品或服務，解決他們的某某問題（或）讓他們在某某方面覺得滿意。因此，他們會（最好一直都會）付錢給我們。」

如果你想做的只是一盤小生意，或者是微型創業，大概這樣就夠了。接著就依據計畫執行，邊進行邊修，發現問題馬上解決問題，別浪費太多時間在計畫上，因為計畫永遠趕不上變化。

如果你的生意需要更多的資源（錢、人力、人脈等等），而你自己又無法取得這些資源，那你就得做一份比較詳細的事業計畫。這一份文件是用來和別人溝通的工具，幫助別人（可能可以提供你資源的人）了解你的事業。另外一方面，在撰寫的過程中，也能幫助你自己再次評估事業的可行性。

宅事業計畫

Executive Summary

一、公司簡介

1. 目標願景

2. 經營團隊

二、產品／服務簡介

三、產業分析

四、目標市場

五、營運計畫

1. 生產

2. 管理

3. 行銷

六、財務分析

1. 成本效益分析

2. 風險評估

3. 時程規畫

七、資源需求

事業計畫書範本

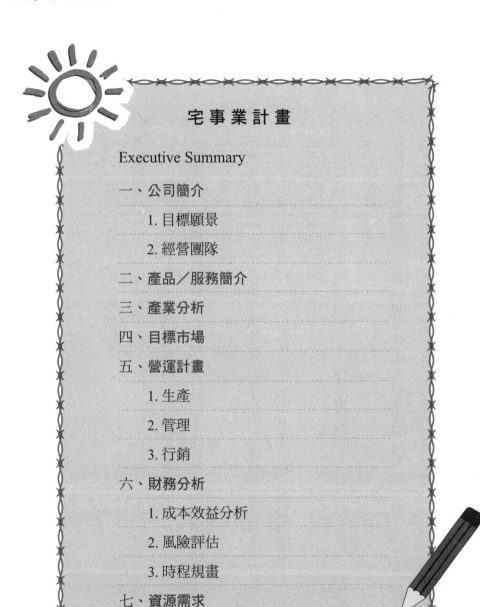

Executive Summary

這是整份計畫書的摘要，撰寫重點如下：

- **不要超過一頁**，三分鐘講完一切（最好是三十秒啦），長度超過一頁的文字內容，不僅沒人有耐心看，也代表你可能還抓不到生意重點。
- **只寫重點**，不是你自己覺得的重點，而是別人想看的重點。別人想看什麼？很簡單，就是「能不能賺錢」。
- **不要用形容詞**，「這是百年難得一見的龐大商機，前景燦爛，好比旭日初升……」以上是小說寫法，請直接寫：「本事業將在六個月內回本，三年後年報酬率將到達百分之三百。」
- **介紹自己**，讓別人相信你的能力，一樣只寫重點：「我曾經擔任 Google 總裁。」愈簡短愈好。
- **打開天窗說亮話**，你到底想要什麼，請直接明白地寫出來！例如：「現在就投資！你可以用五千萬拿到本公司百分之二十的持股。」

老實說，無論是投資別人或希望別人投資自己，通常大家都

BJ宅智慧：只看Executive Summary這一頁，對敘述有興趣者才會繼續看下去。

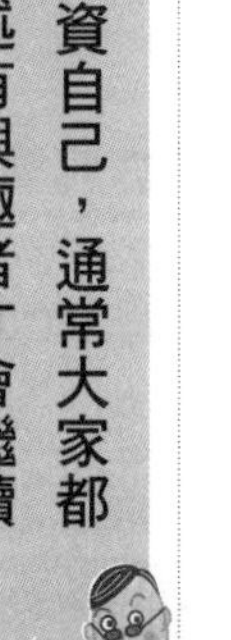

公司簡介

一、冷事實：登記資訊、成立時間、創辦人、員工數、資本額、辦公室、網址、電話等等基本資料。

二、願景與使命：盡量吹牛吧！會吹牛的人不是只會把牛皮吹得大，而是要吹得真。至於怎麼吹得真，就需要一些講故事的技巧和勤加練習。

三、歷史與現狀：通常都只挑好的經歷講，好比得獎、專利等等，資金周轉不靈大概沒人會提！

四、經營團隊：介紹一下你和你的創業夥伴吧！創業是在不確定的經營環境中摸索，如果經營團隊有輝煌的成功紀錄，那就是成功的最佳保證。根據經驗，寫「好能

力」不如寫「好學歷」，寫「好學歷」不如寫「好身家」。也就是說，巴菲特的姪子勝過哈佛企管博士；而哈佛企管博士又勝過獲得專業證照一百項，這就是現實。

做你自己熟悉的東西！

對自己的產品不夠了解，是做生意的一大致命傷。買賣交易時，可能會遇到各式各樣的問題，還有些專門刁難、吐槽人的網友，若你應付不來的話，會失去信用，那麼生意也很難做得成。

產品／服務簡介

這項最簡單，就是把你到底要賣什麼，清清楚楚寫下來。

創業者最常見的毛病是，總以自己的觀點去寫，一直敘說商品技術性的細節。比如說：「本產品是用塑鋼材質製造，長××公分，寬××公分，有十二個按鈕，隱藏式天線……」投資者看完頭都昏了。

換個方式寫：「本產品俗稱『大哥大』，可以讓你一邊上班、一邊談情說愛。」這樣平易近人多了吧！最好以消費者的

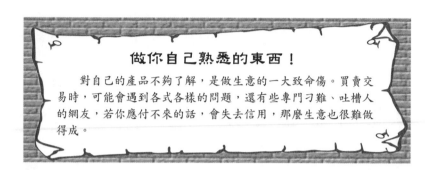

角度來解釋商品或服務的功能，這就是所謂的「**顧客導向**」。

產業分析

進行產業分析時，你可以把自己在學校裡曾經學到的SWOT分析、五力分析……通通拿出來用！這個步驟是要顯示你對所要從事的產業的了解程度。如果你所面對的是專業投資人，更要注意這一點，他們之中有不少人整天在作產業研究，可能比你的了解還要深。多聽聽專業的意見，準沒錯。

目標市場

你想把東西賣給誰？老人？小孩？十五歲到十八歲的青少年？模型御宅族？

行銷上講究「**市場區隔**」，目標市場定義得愈準確，銷售成功率也愈高。常見的是，創業者對自己的商品具有莫名的自信，所以不自覺地講出「我的商品人人都需要」這種大話，聽在投資人的耳裡，只是暴露出你缺乏專業分析且不夠用心，根本沒有認真了解和觀察市場趨勢。

營運計畫

這個部分是要說明，如果你拿到錢以後，將如何營運你的事業。大致來說，可以分為生產、管理、行銷三部分，要寫得更細一點也行。通常這一部分會占掉事業計畫中最大的篇幅，也就是讀者最容易失去注意力的地方。因此，寫作時要注意，**文不如表，表不如圖，盡量用視覺化的表現方式**。

財務分析

根據營運計畫，將未來一年、三年、十年的財務狀況做個預測，用Excel製表，老實地表現出來。不要形容詞，不要修飾。這裡會需要一些會計知識，必要的話，可以尋求專業人士的協助。內行的投資人看完摘要之後，通常會直接跳到這一節，因為這裡全部都是數字，賺錢就是賺錢、賠錢就是賠錢，沒得閃躲。但由於這是關於「未來」的預測，不可

什麼是現金流量？

所謂現金流量就是「每一段固定期間內的收支狀況」。好比說，營運的第一年，總共會有哪些現金支出？辦公室租金、人事費用、進貨支出……將支出全部表列出來。接著是列出會有哪些現金收入？銷貨收入、借貸、增資……。如果現金收入大於支出，就代表你的生意是健康的，綠燈；如果，現金支出大於收入，那代表你的生意是不健康的，紅燈。請注意，在財務分析中，只關心現金，其他什麼未來的夢想、潛在收益之類的，不列入考慮。

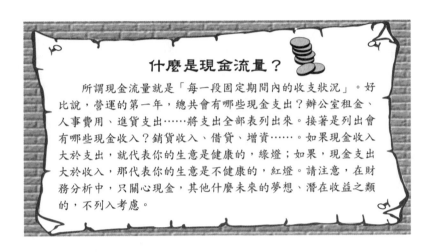

能準確，所以，最重要的是要看你在市場分析、營運計畫中的「假設」是否合理，邏輯推導有沒有問題，才知道呈現出來的數字是否可信。提出任何數據前，**先要說服得了你自己，才能說服別人。**

其中，最重要的就是「現金流量」（Cash Flow）。如果把生意比喻成人體的話，現金就是「血」。流進來的血比流出去多，這人就能活得好好的（現金淨流入）；流出去的血比流進來多（現金淨流出），這人（生意）就死定了。很多人做生意時容易犯一個毛病：只想著明年景氣回春時，生意會有多棒多棒，卻忘了下個月薪水都發不出來。這就是忽略了現金流量的重要性。

另外一個新手創業家常犯的錯誤是：只想到生意能產生「正的現金流量」，卻沒有考慮到其他生意的可能性。好比說你祖上積德，在SOGO百貨旁有個店面，於是乎，你想開個烤鴨店來賣烤鴨。開了店以後，人潮滾滾，生意不錯，月底結算賺了七、八萬，比上班還好。但是你卻忘了，如果你不開烤鴨店，把店面租給人家賣辣妹裝，躺在家裡收租金就能月入二十萬。那還開什麼烤鴨店呢？

資源需求

如果投資人願意看到這一節，你的事業計畫書就成功了。在這裡，請你把需要多少資源，通通寫清楚。不要以為有錢就擁有一切，其實有很多東西是錢買不到的。

人員／技術／房舍／生財設備：有時候你可能不缺錢，而是想要找到適當的專業人才與你一起打拚；或者你萬事俱備，只缺了某項關鍵技術；或者你沒有生財設備，正巧投資人有。比如說，你可以試著邀烤鴨店老闆入股。

人脈：在台灣做生意，這項因素很重要。重要人物的一句話，往往是生意成敗的關鍵。更重要的是，把你要給人家什麼寫清楚：包括利息、股權比例、借據、職位等等，投資人撥一撥算盤，覺得划算，才有可能給你想要的資源。

重點	執行要領
Executive Summary	1. 不要超過一頁 2. 只寫重點 3. 廢話少說，不要用形容詞 4. 介紹你自己，愈短愈好 5. 打開天窗說亮話
公司簡介	1. 冷事實 2. 願景與使命 3. 歷史與現狀 4. 經營團隊
產品／服務簡介	1. 到底要賣什麼 2. 顧客導向
產業分析	1. 產業了解程度 2. 參考投資人的意見
目標市場	1. 行銷的市場區隔 2. 不要說大話
營運計畫	1. 文不如表，表不如圖 2. 盡量用視覺化的表現方式
財務分析	1. 現金流量表 2. 說服得了你自己，才能說服別人
資源需求	1. 你要什麼 2. 你能給投資人什麼

事業計畫撰寫密技

案例 五路高手齊聚一堂

網路購物

主角介紹

【布三布四玩生活】http://blog.sina.com.tw/d0525/

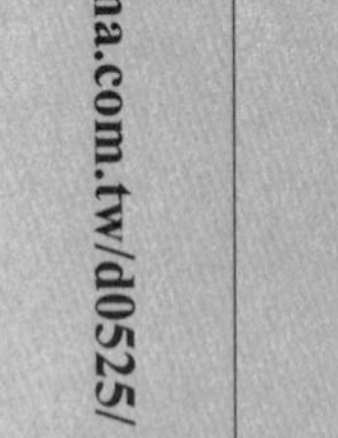

有位「**丹塔**」先生，曾經任職數家大型國際廣告公司的創意總監，但年過四十後，卻忽然把工作辭了，開始搞起「**襪子娃娃**」——把家裡不要的舊襪子、不成雙的襪子洗乾淨，巧手一縫，變出各式各樣的玩偶造型。然後他把這些可愛的襪子布偶拿到網路上販售，並成立了自己的部落格，將作品逐一陳列，一一加上心情故事，讓愛好者訂購。由於造型新奇可愛，逐漸受到大家的歡迎。

其實，襪子娃娃的創意，早在幾年前就有人想到，也開始做了。丹塔先生的成功之處，在於他善用多年廣告創意生涯累積下來的資源，積極在媒體上曝光，包括《蘋果日報》、非凡電視台的《真善美》、中視的《我猜我猜我猜猜猜》等各大媒體節目都有他的報導。他後來甚至還出版了一本專書，以精美的圖解，教人如何製作襪子娃娃，並且開班授課。

攻略要點：在這個案例中，值得網路創業者學習的祕訣有四點：

◎網站是一種需要「**拉**」的媒體，它本身是沒有廣告效益的。你一定還得透過其他的媒體，去塑造品牌的形象。

◎經營網路購物，得充分運用你在其他領域累積的資源

品牌認同的關鍵因素

品牌的經營與品牌背後超越性的故事性密切相關。大師村上隆曾經說過：「所有商品都必須要有故事，讓人們覺得值得用金錢去下賭注。」所以在行銷中，不只要為商品編織一個故事，還要使目標客戶成為故事的一部分，讓他們去敘說未完成的品牌故事，自然就會發生品牌認同。

和人脈。網路不是「另一個世界」，它就跟現實世界一樣，需要行銷。

◎創意很重要，但行銷更重要。行銷對產品產生的加值作用，一點都不遜於創作本身。而行銷中，最重要的是「故事性」。

◎或許網路販售本身並不賺錢，但可以透過周邊活動得到額外收入，例如出書、開班授課。

致勝關鍵

拉力 透過其他媒體「推」送訊息	**人脈** 利用其他各領域的人脈
創意行銷 創造故事性與品牌認同	**周邊收益** 出書、開班授課、異業合作

網路購物經營祕訣

另一種網路購物形式：網拍

網路購物是B2C（Business to Customer）的行業：開一家網路商店，直接賣東西給消費者；而網拍是C2C（Customer to Customer）：個人經營的虛擬拍賣會，由個人賣東西給其他人。

要賣東西就得有個市場，在網路上，所謂的市場就是拍賣網站，好比虛擬的跳蚤市場。目前國內較大型的拍賣網站有：Yahoo、eBay與露天三家，在前兩家網路商場放置商品或交易成功要抽取佣金，最後一家不用，所以慢慢演變成比較專業、營業額大的店家會利用前兩家拍賣網站；而隨機才有東西要賣的人，會用最後一家。但平台的選擇也不一定是看收不收費，要能把東西賣得出去，才是最重要的。

通常比較適合拿來拍賣的東西，多是二手商品。也就是你多餘的東西，而可能別人用得著，就可以拿出來換點剩餘價值。也有人從國外攜回商品，拿來網拍販售，但要小心，如果賣的是品牌商品，恐怕會有侵權的問題。

若是你平日有蒐集小東西的習慣，也可以把珍藏拿出來賣，識貨者會願意出很高的價錢購買。舉例來說：三十年前發行的無敵鐵金剛公仔，當時只要一百元，現在網路上飆到六千元。

不過要提醒的是，網拍的機制本身很難讓人有固定的收入。

主角介紹

【蘿拉手工天然果醬】http://www.lola.com.tw/

不說你不知道，現在上班族最熱中的活動就是「團購」了，每當他們發現什麼新奇的東西，就會在茶水間、ＭＳＮ上到處宣揚，然後集合大家的需要，一起向生產者訂購，甚至殺價。

有位「蘿拉」小姐看到了大家愛嚐鮮、追求自然養生的趨勢，成立了專賣手工天然果醬的網站，並接受團體訂購。一開始，就她自己一個人做生意，每天最多熬煮十罐果醬，然後接單配送。但現在，經過媒體報導和口耳相傳，她的網購生意愈做愈大，還請了好幾位員工呢！

必勝祕訣：這個案例中，值得網路創業者學習的祕訣有三：

◎要注意社會趨勢，除了多接受資訊之外，也要觀察身邊那些不起眼的人，尤其是婆婆媽媽們，很多時候她們才是消費的主力。她們喜歡的主題恆久不變：年輕、美麗、健康、殺價。

◎網路訊息的傳播速度驚人，尤其是小道消息、八卦消息。與其大聲地喊：「現在要告訴大家一個驚天動地的大消息！」不如小聲地說，「偷偷告訴你一個小祕密。」

◎生意大小不是由賣的東西決定的，而是頭腦裡的東西。

致勝關鍵	注意趨勢	網路傳播	腦袋決勝負
方法	專攻消費主力族群	善用小道消息的力量	生意大小是由頭腦決定的

團購經營祕訣

轉型轉業

主角介紹

「泡菜罐子」http://www.pkjar.com/

做了十五年設計工作的江翠華小姐，由於長期使用電腦的姿勢不良，造成職業傷害，手部痛到無法工作，連晚上都睡不著。因此，她毅然辭職，開創了「泡菜罐子」網路小鋪。

其實她先前也曾經評估過各種創業想法，比如開店設攤，但都因為種種原因而放棄。後來她受到韓劇《大長今》的影響，才決定製作泡菜在網路上販售，首次創業的資金居然只有一千元。但是，一開始的進展並不順利，後來她找上了**ＳＯＨＯ協會**輔導，並參加「**青輔會女性創業飛雁專案**」的課程，向政府申請了**微型創業貸款**，生意才得以起飛。

創業以來，她勤跑各大公司行號或公家機關進行試吃展示，並親自負責配送；不斷地

增加、變化新口味，以維持客戶的忠誠度；平時更常進行電話行銷，以拓展新客源。姑且不論她是否真的賺了大錢，但從泡菜罐子的網頁上會寫著「負責人出國去玩，暫停訂貨」來看，江小姐確實已經深得宅經濟的精髓，得到了自由的生活。

必勝祕訣：這個案例中，值得網路創業者學習的祕訣有四點：

◎阿宅們長期使用電腦，一定要注意健康的問題。多出門運動、維持正確的姿勢、不要吝於投資自己的生財器具（買符合人體工學的桌椅、大尺寸螢幕、高級的鍵盤滑鼠），**健康才是永遠宅下去的本錢**。

◎開店之前一定要多評估，寧可不做，不要賠錢。

◎有很多機關團體都有創業輔導，多去參加。

◎一定要把心態調整為「客戶導向」，只要能拓展客源、維持客戶忠誠的事，就要勇敢去做。

致勝關鍵	適合的工作環境	多做評估	創業輔導	客戶導向
方法	健康才是宅下去的本錢	寧可不做，不要賠錢	多聽多看	拓展客源

轉型轉業祕訣

網路老手都有個感嘆，「網站太多，眼球太少！」要在網路上賣東西，最重要的是吸引網友的注意，讓消費者看見你。千萬不要以為把網站架好了，消費者就會自動上門，否則很容易就會像在沙漠中開百貨公司一樣，一整天、甚至一整個月都沒人上門，也是正常的。

網路行銷這件事，說起來容易，但做起來一點也不容易，需要整本書的篇幅才能把所有的手法告訴你。在此，我們僅提示幾個原則：

▼**增加曝光機率**：想辦法在人潮眾多的地方，如搜尋引擎、熱門網站等地方，放上你的網站連結，讓人家「得其門而入」。

▼**增加網站黏力，讓人不想走開**：簡單、具體、可信、驚奇……能多吸引人，就盡量做。

▼**下個好標題**：這就是行銷上講的USP（unique sell point）。用最短的篇幅，把自己的特色講出來。基本上，沒有人願意在消費性網站上讀超過一千字的文章。想要學習別人怎

麼下標題、做簡介，可以連結到 Yahoo、天空等入口網站，你就會看到許多千錘百鍊過的關鍵字。

而因為網路行銷不易，反過來說，如果你能幫助別人做網路行銷，也是很有價值的生意。茲舉數種現今流行的網路行銷供參考：

◎**廣告聯盟**：如果你有個流量頗大的部落格（不一定要專業，人多熱鬧就行），或許可以參加各種網路廣告聯盟，在你的部落格上放廣告。現在一般人最常用的是 Google ADsense——既不用去招攬廣告，也不用煩惱帳務的問題，更沒有技術的困難。只要免費註冊一個帳號，照著上面的指示，就能取得程式碼，把那段程式碼貼到你的部落格或網站上，這樣就搞定了。接下來，就等你的帳戶累積獎金到達一百元美金，Google 就會寄支票來了。

◎**連結抽佣**：同樣也是在部落格或網站上放網路廣告，只不過不是網友點選就有錢可收，而是要網友透過你的網站買了產品，你才有得抽佣。國內比較有規模的網路商店，如博客來網路書店的「AP策略聯盟」，就是這種抽佣類型：你幫他賣東西出去，就可以獲得訂單百分之四的回饋金。

◎**專文推薦**：網路商店也會主動出擊，尋找適合的部落格站長，或是在某些專業社群中具有影響力的網友，然後邀請這些人為他們的商品撰寫推薦專文。通常這類文章標題都會標明「工商服務」字樣；有些沒有標明的，就是所謂「置入性行銷」。而報酬可能是金錢，也可能是獎品、試用券、折扣卡等等。

◎**參加活動**：有時新品上市時，廠商會推出一些網路活動，比如：主題串連、心得撰寫、比賽、抽獎等等。有人一天到晚參加這類網路活動，好獲取微利，但這一類的活動通常是偶發性的，沒有辦法成為常態收入。

網路行銷	合作方式	獲利可能	行動密技
廣告聯盟	累積流量	回饋金	化被動為主動
連結抽佣	AP策略聯盟	有購物才有佣金	
專文推薦	置入性行銷	獎品或約定稿酬	
參加活動	偶發性活動	獎品或新產品	

網路行銷賺錢術

不應該做的網路創業

- **盜版光碟**：不但侵害了創作者的權利，還違反著作權法，是有刑責的。在網路上，「凡走過必留下痕跡」，現在的電信警察很厲害，無論你如何偽裝，都抓得到。
- **仿冒商品**：也就是所謂的「山寨」貨，販賣仿冒的名牌包包、電腦手機等等，都屬犯罪行為。有些人會以低價販賣過季品或瑕疵品，即俗稱的「剪標商品」，但因仿冒品混雜，難以區分，後來拍賣網站也規定不能賣了。
- **賭博**：不管宅不宅，只要涉及簽賭，就屬不法。阿宅們，打電動可以，千萬別玩錢。
- **地下金融**：開設地下期貨、炒匯網站、經營外國基金仲介，這些都是違法行為，還有專門機關在監督處理，別心存僥倖。
- **違禁品**：在網路上販售毒品，重者可以判處無期徒刑。除此之外，槍械彈藥當然也不能賣。醫療用品、菸酒也都涉及法律規定，最好不要碰。

- **訂票黃牛**：有些人利用程式技術，或是整天盯著訂票網站，只要有熱門票券開賣，立刻搶購，然後加價售出，利潤頗豐。但是要注意，票券黃牛是違法的，為了幾百塊而吃上官司，不值得！
- **網路詐騙**：駭客行為、竊取電腦密碼、竊取虛擬寶物、利用網路騙財騙色……全都涉及刑事罪，千萬不要嘗試。

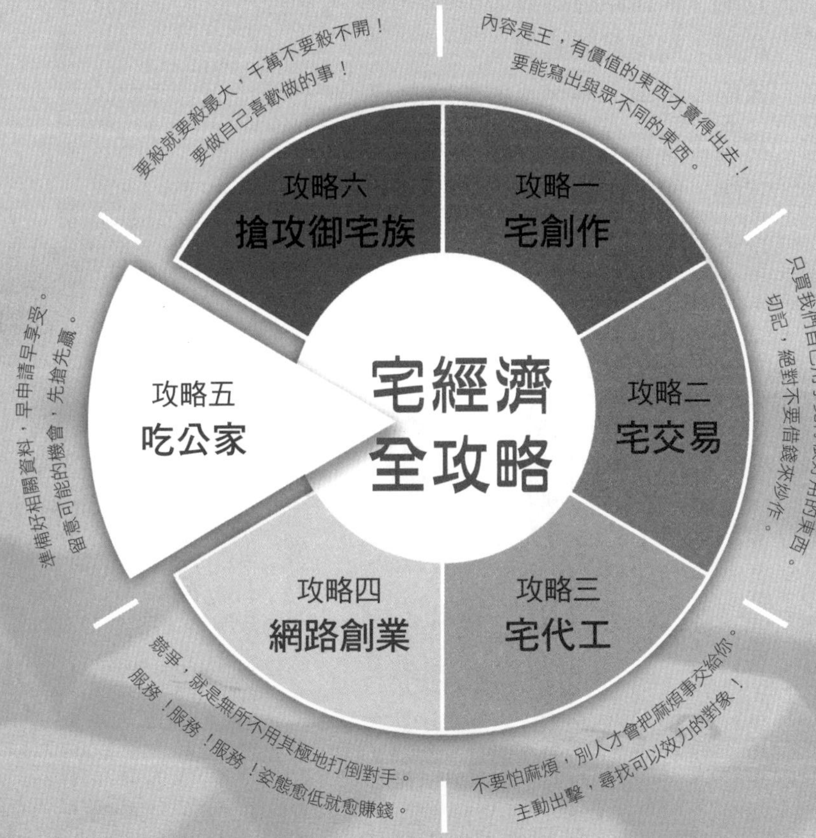
宅經濟
全攻略
攻略一
宅創作
內容是王，有價值的東西才賣得出去！
要能寫出與眾不同的東西。
攻略二
宅交易
只買我們自己用了覺得很好用的東西。
切記，絕對不要借錢來炒作。
攻略三
宅代工
不要怕麻煩，別人才會把麻煩事交給你。
主動出擊，尋找可以效力的對象！
攻略四
網路創業
競爭，就是無所不用其極地打倒對手。
服務！服務！服務！姿態愈低就愈賺錢。
攻略五
吃公家
準備好相關資料，早申請早享受。
留意可能的機會，先搶先贏。
攻略六
搶攻御宅族
要殺就要殺最大，千萬不要殺不開！
要做自己喜歡做的事！

這一章是專門為失業的阿宅們而寫的，無論你是初出校門找不到工作、景氣不佳被裁員、中年失業……全都用得上。我們要教你如何「**吃公家**」，靠國家的救濟和補助渡過難關。甚至還可以借力使力，開創自己的事業。

概論：申請補助的基本流程

第一步　尋求協助

人生中的許多困境常是自己造成的，面對問題時如果採取鴕鳥心態，往往只會使得問題更加惡化。因此，對於失業的阿宅們來說，要踏出去的第一步就是：「不要羞於尋求協助！」陷到洞裡時一定要叫

「救命」，才會有人知道要拉你一把。初出校園找不到工作時，可以回母校尋求師長協助；中高齡失業者可以到政府的就業輔導機構或職訓中心尋求協助；公司倒閉、負責人掏空、不合理解僱、退休金泡湯……可以到各縣市勞工局或各式工運團體尋求協助；失婚婦女、失學少年則可以尋求社會福利機構、縣市政府社會局的協助。總之，**資源無限，就看你如何應用**。

第二步 滿足申請條件

為了防弊，各式各樣的政府補助通常都有多如牛毛的申請條件限制，公務員很怕「圖利」他人，所以阿宅們得設法滿足這種形式主義的產物。

雖說政府制度常遭詬病，偶有「制度殺人」或「程序濫用」的案例，但不可否認地，條件與形式都是可以靠人為力量去滿足與創造的，在被一堆條件要求與限制給嚇退之前，建議還是要多做諮詢，不要讓可

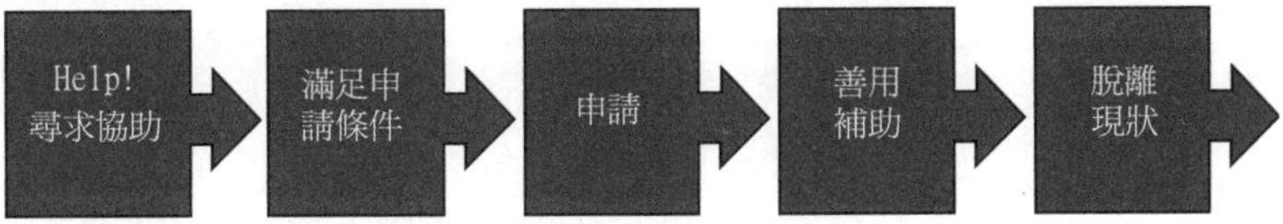

申請補助流程圖

能的補助機會溜掉。

第三步　申請

滿足申請條件之後，接著是到相關單位申請補助。在這個階段，可能要填不少表單，跑不少公務流程——從申請補助到補助款真的發放，通常會花上一段不短的時間。這時候你需要的是耐心，更重要的是，對公務人員要保持謙卑之心

第四步　善用補助

補助的最高原則向來是「救急不救窮」。在你拿到補助的錢，生活獲得喘息之後，就要開始做長遠的規畫才是。尤其是對負債累累的卡債族來說，「千萬不要把補助款拿去還錢」。有句話說，「債多不愁」，既然已經欠了債，應該思索的是，如何開創財源才對。

第五步　脫離現狀

千萬要記住，**吃公家不是永遠的**，它只能幫你暫時渡過難關而已。接受補助最不該有

的心態是，滿足於受補助的狀態，以為能夠永遠靠補助過下去，讓自己成為廢材。這麼想，就完全失去了任何補助的善良用意了。想辦法脫離現有的狀態吧！

吃公家的可行性分析

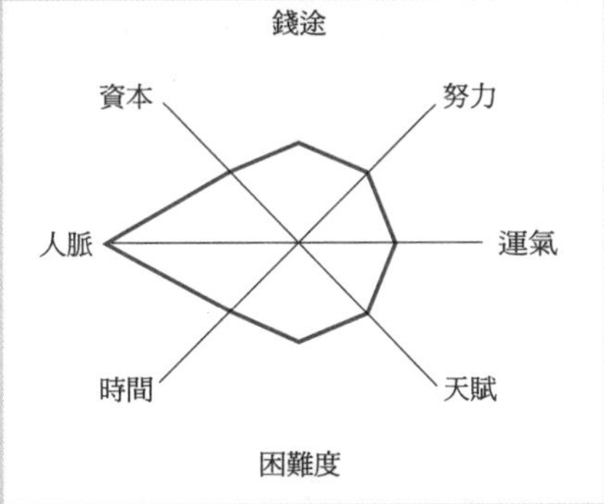

吃公家是一種消極的生活態度與方法，不需要積極生活與創造事業所需的努力、運氣、天賦、資本、時間等等條件。這麼一來，當然也就沒有什麼困難度可言，也沒有好的錢途。

說起來，申請公家補助時，唯一需要的是人脈關係：在你陷入生活困境時，能夠提供你諮詢與協助的人脈關係，以及一些應對公務人員的「技巧」。這些將在下面的段落中一一說明。

立即上手：如何和公務員打交道？

「國家」是個滿模糊的概念，他是誰呢？

簡單來說，國家就是集合眾人之力所成立的組織，目標是服務人民（我們），完成單靠一個人辦不來的事。在國家這個組織裡工作的人就是公務員，所以當我們需要國家的幫忙時，就得與公務員打交道。

照理來說，照定義來說，公務員應該算是「公僕」，因為他們的薪水來自人民的納稅，是我們出錢養他們，請他們代表國家來服務我們的，這是一種間接的「僱傭」關係——我們是老闆、是主人；公務員是員工、是服務員。

然而，現實狀況常常不是如此。

和公家機關打過交道的人就知道，不少公務員會表現得像老闆一樣，對前來尋求服務的人民要求東、要求西的，這個不行，那個也不行；高興的時候對你微微笑，不高興的時候找你麻煩。而支付他們薪水的我們卻像員工一樣，有苦只能往肚子裡吞。

負面評價的公務員心態！

所謂「公務員心態」，已經成為一種負面的形容詞。會有這個現象產生，主要由於公務員屬於終身職，考上公務員等於捧著「鐵飯碗」，只要他們不出錯違法，就能讓國家養一輩子。於是乎出現多一事不如少一事的鴕鳥心態，心想反正事情能做好就好，不需要做得快、做得好，因為領的薪水都一樣多，而且做好無功，打破要賠。

和公務員交手時，有兩個基本原則：

做人比做事重要

保持謙卑的態度，事情就會順利得多。由於公務員總是強調一切依法行事，往好處想是公務員執法公正嚴謹，但其實很多時候，這是「**公務員心態**」造成的推諉行事，他們傾向將不是自己業務範圍內的事，推得一乾二淨。

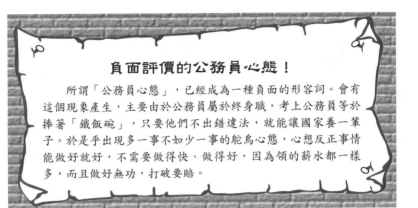

有趣的是，所謂的「法」往往沒有明確的界限，也就是說，合法或不合法、合規定或不合規定……存乎一心。申請補助時，與其爭執是否合乎規定，不如訴諸承辦人的同情心、惻隱之心，這時候，如果你能保持謙卑的態度，是很有用的。

形式比內容重要

如果你很正直，也不想低聲下氣求人，那麼有件事你一定要知道：事有表裡，**形式容易規定，內容不容易規定**。這就叫做「形式主義」。

舉例來說，如果你想爭取政府標案，那麼有沒有正確地填寫表格、依規定形式撰寫書狀、公司資本額是否符合條件等等外在形式，會比你是不是能完成計畫、計畫內容是否良好等內在因素更加重要。原因是，審查的人很難挑剔內容，卻很容易挑剔形式——少蓋一個章，退件；照片尺寸不對，退件。這種事很多！

最後一個叮嚀，如果你真的看不慣這些現象，也不想這麼做，但你真的需要國家給你那筆錢，那麼還有一個更簡單的方法：請人代為操作。有很多民間專業人士（比如代書、律師）專門與公務員打交道，什麼門道他們都摸得一清二楚。你只要花點錢，他們就會去搞定所有麻煩事。（這也是宅代工的好主意！）

接下來，我們要來談各種失業補助的攻略。

攻略：失業給付

攻略要點：準備好相關資料，早申請早享受。

「我寧願趕快退休……再待下去我就快得憂鬱症了！」一名報社特派員在歡送會上講出心裡的話。面對紙價上漲、廣告收入銳減、媒體惡性競爭，報社長官的不合理要求一天比一天增加，記者除了採訪，還要分擔廣告和業務壓力，許多記者寧可找其他薪水較低的工作，也不願再留任。

景氣進入寒冬，許多企業面臨業務緊縮和裁員，人性一點的公司，會依規定裁員，並給付遣散費，但若遇到比較遭的情況，可能連遣散費都拿不到。而能保住飯碗者，雖然還有薪水可領，但工作環境早已不可同日而語，於是有人決定提早退休（若還沒到法定的退休年齡而申請提早退休，在勞基法的認定中仍屬「資遣」），但不管是被裁員或自願退休，一離開職場，馬上得面臨失業問題。

如果你還年輕，也許可以再從底層做起，但對中年失業者來說，只能憑著過去的人脈，設法再回到職場。不管如何，在還沒有找到合適的工作以前，失業者大多只能窩在家當宅男宅女。這時候，千萬別忘記政府的功能——服務人民，保障人民福利。

「失業者教戰守則」第一條：一失業，請趕快到就業服務站填寫失業給付申請書，申請失業給付。如果你以前工作時，勞保月投保額是最高的五萬三千九百元，則失業後每月

失業救濟金的計算方式

失業救濟金的計算方式，是按照你離職退保前六個月的薪水平均後，以六成計算；之前的工作薪水愈高，失業給付就領得愈多。失業給付的經費來源還是你以前所繳的勞保費，所以領失業給付並不是丟臉的事。請領失業救濟金時，第一個月不必附求職證明，但第二個月開始，要領失業給付，就要提出兩次的求職紀錄。詳情可上勞保局失業給付網站查詢：

http://www.bli.gov.tw/sub.asp?a=0005063

可以領二萬六千元的失業救濟金，最多可領六個月。

要請領失業救濟金，必須提出你確實有在找工作的證明，這項規定是為了確定你有積極在找工作。就業服務站會給你空白的表格，裡面分成兩類，一種是直接面試用，另一種是郵寄履歷表或網站登載求職用。兩種表格中，都會要求你填寫求職人姓名、求職日期、應徵的廠商名稱、應徵職務、廠商地址、電話、面試人。當然還有未獲錄用的原因，包括年齡不合、教育程度不合、工作環境不合、待遇及福利措施不合、技術不合、工作地區不合等選項，最後還有一項「其他」，可以讓你說明原因。

若你想休息久一點再重返職場，善用親朋好友的管道，找兩家商店或公司出具面試未錄用的證明並不困難。確實有些人就打定主意，領完六個月的失業給

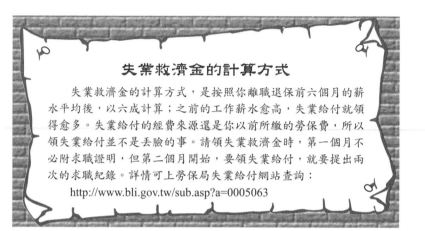

就業保險失業〔再〕認定、失業給付申請書及給付收據

申請日期：　　年　　月　　日

就服站代碼		認定編號
	—	

申請人及給付收據欄

姓名		身分證統一編號		性別	□男 □女	出生日期	年　月　日
電話	( ) 手機：						
地址				離職日期	年　月　日	求職登記日期	年　月　日
離職單位名稱及保險證號	保險證號：　字　號			申請或推介工作地點	⊙原工作所在地　　，　　縣(市) ⊙希望工作地點　　縣(市)		
失業期間另有其他工作收入者，月工作收入金額	元	此次申請失業給付起日	年　月　日	申請金額	元（非必填欄位）		
有無請領其他就業促進津貼	□無　□有＿＿＿＿			有無同時領取其他社會福利津貼	□無　□有＿＿＿＿		

※給付方式（請勾選一項）

一、金融機構（不包含郵局）及分支機構名稱請完整填寫，存簿之總代號、分支代號及帳號，請分別由左至右填寫完整，位數不足者，不需補零。

二、郵政存簿儲金局號及帳號（均含檢號）不足7位者，請在左邊補零。

三、所檢附金融機構或郵局之存簿封面影本應可清晰辨識，帳戶姓名須與本局加保資料相符，以免無法入帳。

四、給付金額以勞工保險局核定金額為準。

1、□匯入申請人在金融機構存簿帳戶(B)：金融機構名稱：　　銀行（庫局）　　分行（支庫局）

總代號	分支代號	帳號 金融機構存款帳號（分行別、科目、編號、檢查號碼）

2、□匯入申請人在郵局之帳戶（H）

局號：＿＿＿＿＿＿—＿　帳號：＿＿＿＿＿＿—＿

受扶養眷屬資料

眷屬姓名		身分證統一編號		出生日期	年　月　日	性別	□男　□女
與申請人關係	□配偶 □未滿20歲子女 □身心障礙子女		□無 □有　工作收入		□應備書件齊全 □缺附身分證明文件 □缺附身心障礙證明		
眷屬姓名		身分證統一編號		出生日期	年　月　日	性別	□男　□女
與申請人關係	□配偶 □未滿20歲子女 □身心障礙子女		□無 □有　工作收入		□應備書件齊全 □缺附身分證明文件 □缺附身心障礙證明		

以上各欄均據實填寫，為審核給付需要，同意勞工保險局及公立就業服務機構可逕向中央健康保險局或其他有關機關團體調閱相關資料，另所列之眷屬確實受本人扶養且無工作收入，若有不實致溢領保險給付，本人同意將所領失業給付款項如數返還勞工保險局，亦同意勞工保險局逕自本人得領取之保險給付中扣除繳還。

申請人
（代理人）　　　　　　　　（簽章）

※申請人離職辦理退保時之身分：

□一般失業勞工　□年滿45歲者　□身心障礙者

※申請應備書件：

□1、離職證明文件正本及影本。
　□原投保單位出具之離職證明文件。
　□勞工行政機關出具之離職證明文件。
　□申請人自行切結之離職證明書。
□2、國民身分證正本及影本各一份。（正本核對無誤後退還申請人）
□3、申請人金融機構存款簿載明分行帳號之封面或內頁影本一份。
□4、最高學歷證書、技術士證、曾接受職業訓練之結訓證書影本（本項為參考文件）。
□5、申請人或受扶養之眷屬為身心障礙者，應檢附社政主管機關核發之身心障礙證明。
□6、增列受扶養眷屬者應檢附戶口名簿影本或其他身分證明文件影本。

再認定應備書件：

□1、2次求職紀錄。
□2、傷病診療證明及書面委託書。
□3、等待職業訓練開訓。
□4、7日內補證。
□5、其他＿＿＿＿＿＿＿。

公立就業服務機構審核欄

※審核結果：

□失業認定
　□1、要件符合且備妥申請書件
　□2、要件符合進入等待期，但7日內需補齊證件。
　□3、不符申請要件。
□失業再認定（7日內補正2次求職紀錄）

□ 失業認定　□失業第＿＿次再認定

□1、完成認定。
□2、未完成認定＿＿＿＿＿＿＿＿

公立就業服務機構名稱：
【請蓋印信或章戳】

(再)認定日期：　年　月　日
下次再認定日期：　年　月　日～　年　月　日

什麼是就業保險

就業保險旨在幫助勞工於遭遇非自願性失業時，除了能夠得到失業給付外，並對於接受職業訓練的人，發給生活津貼及健保費補助等保障，以安定失業期間的基本生活。近來又新增發放育嬰留職停薪津貼。保費的計算分「有一定僱主不參加就業保險」和「有一定僱主參加就業保險」，詳情可上勞保局個人保費試算表查詢。

付，再開始做其他打算！

提早就業獎助金

相較於失業救濟金，提早就業獎助金是一種積極的鼓勵。

就業服務站和勞保局為了鼓勵失業者儘早返回職場，設有提早就業獎助金的獎勵辦法，但前提是你所找到的新工作，僱主必須為你投保就業保險，如果沒有參加就業保險，就不能領提早就業獎助津貼。

提早就業獎助津貼是以你尚未領取的失業給付百分之五十計算，換句話說，如果你的失業救濟金領了兩萬六千元，提早就業獎助金就是一萬三千元。這項獎助金將在你找到新的工作，參加就業保險滿三個月之後，一次領完。

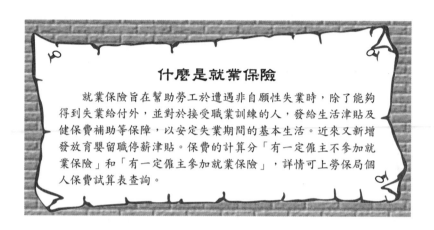

就業保險提早就業獎助津貼申請書及給付收據

受理號碼:

申請日期　年　月　日

姓　名		身分證統一編號		出生日期	民國　年　月　日
住　址		電話： 行動電話：			
現職單位名稱及保險證號	保險證號：	實際到職日期	民國　年　月　日		
已領失業給付	次數： 金額： （非必填欄位）	申請金額	新台幣：　元 （非必填欄位）		

給付方式（請勾選一項）

………請將申請人之存簿封面浮貼於此處………

※一、金融機構（不包含郵局）及分支機構名稱請完整填寫，存簿之總代號、分支代號及帳號，請分別由左至右填寫完整，位數不足者，不需補零。

二、郵政存簿儲金局號及帳號（均含檢號）不足7位者，請在左邊補零。

三、所檢附金融機構或郵局之存簿封面影本應可清晰辨識，帳戶姓名須與本局加保資料相符，以免無法入帳。

1、□匯入申請人在金融機構存簿帳戶(B)：金融機構名稱：________銀行（庫局）______分行（支庫局）

總代號	分支代號	帳號	金融機構存款帳號(分行別、科目、編號、檢查號碼)

2、□匯入申請人在郵局之帳戶（H）

局號：□□□□□□—□　帳號：□□□□□□—□

以上各欄均據實填寫，為審核給付需要，同意　貴局可逕向健保局或其他有關機關團體調閱相關資料，另若有溢領之保險給付，亦同意　貴局可逕自本人得領取之保險給付中扣除繳還。

申請人簽章：

※申請應備書件：	勞工保險局總局地址：
□1、國民身分證影本。 □2、申請人金融機構存款簿載明分行帳號之封面或內頁影本。	地　址：100－13臺北市中正區羅斯福路1段4號 電　話：(02) 23961266轉2862 語音答詢服務專線：0800－078－777（共32線） 勞工保險局網址：http://www.bli.gov.tw

攻略：短期就業機會

攻略要點：留意可能機會，先搶先贏。

短期就業計畫是一種搶救失業率的作法。為了降低失業率，美化施政績效，政府通常都會提供一些短期的就業機會。

在經濟景氣不佳的這幾年當中，我們就看到有各種名目的計畫不斷在推動中，好比說，教育部推出「培育優質人力促進就業計畫」，並架設了一個專門的入口網站（http://plan5.erp.moe.gov.tw/plan.php），網站上開宗明義就說道：「全球經濟衰退，需求急速減少，各國就業市場受到波及，進而快速惡化……據統計，此波失業問題亦嚴重波及青年、高學歷者，尤其是過去明星產業中的研發、技術人力，遭受前所未有的就業危機……政府宜實施相關措施，以維持該等人員的就業能力，甚至提升國家的人力資本，做好迎接下一波產業發展、經濟復甦的人力準備。」在這項計畫中，共提供了十六項創業就業、訓練進修、研究和教學服務的方案，包括提供一年經費給各大專院校聘用兩年以上業界經驗之失

業人員的「業界專業講師」來指導學生、傳承經驗；另外，還有提供經費給合格企業聘用畢業三年內社會新鮮人的「大專畢業生至企業與教育基金會實習方案」，也是為期一年，每個月有兩、三萬元可領。詳細資料可上網查詢。

根據估計，光是二〇〇九年一年，政府創造出來的直接就業機會，可能就高達三十三萬人次那麼多。一般來說，這些就業機會都是搶破頭，先搶先贏。失業阿宅們應時時注意報章雜誌的訊息，及早申請。

攻略：經濟型多元就業開發方案

攻略要點：精通事業計畫書撰寫！

勞委會多元就業開發方案分為兩種：經濟型及社會型，經濟型是由民間團體提出具有產業發展前景，能提供或促進失業者就業的計畫。社會型則由各部會、北高兩直轄市、各縣市政府或民間團體提出，能增進社會公益，具有就業促進效益的計畫。

簡單地說，經濟型計畫就是由政府出錢協助你創業。補助期間可達三年，每項計畫可以用一名專案經理人，除了補助勞健保費之外，研究所碩士班畢業，有一年專案管理、行銷、研發等工作經驗者，每月可領三萬四千元；大學畢業者，每月可領兩萬九千七百元。都是由政府出錢。

有能力與興趣創業者，可以上勞委會職訓局網站查詢如何撰寫申請計畫，各地就業服務站也會不定期舉辦教人撰寫計畫書的研習班，多留意相關訊息。申請這項補助計畫，除了可拿政府的補助來創業之外，政府每個月還會支付你薪水，並支付「員工」每人日薪八百元。

成功案例：「蜻蜓雅築」http://www.puqatan.com.tw/

還記得電影《海角七號》片中，女主角選購琉璃珠送給很多人，並一一介紹每顆琉璃珠的不同意涵嗎？創作琉璃珠的屏東縣三地門鄉「蜻蜓雅築」，就是申請經濟型多元就業方案成功的例子。

這項計畫是由三地門鄉排灣族人所申請，工作室裡的原住民婦女們，致力研究琉璃珠

通過大地磨練的兒女

排灣族人將「地磨兒」解釋成「通過大地磨練的兒女」，現任三地門鄉長包水生說：「到三地門鄉旅遊時，沒有解說是看不懂雕刻圖樣的意思的。」透過多元就業計畫，能夠協助原住民部落做田野調查和文化傳承，生產咖啡的三地門鄉德文村，也有多元人力負責打掃整理「德文十景」。

的製造技術及行銷手法，三年下來都已「出師」，擁有創作琉璃珠的手藝，工作室有固定的收入。一開始，他們先向政府爭取工作室員工的補助，等工作室的產量、品質及行銷都上軌道，就可以不再依靠補助，是多元就業方案輔導民間團體創業成功的案例。

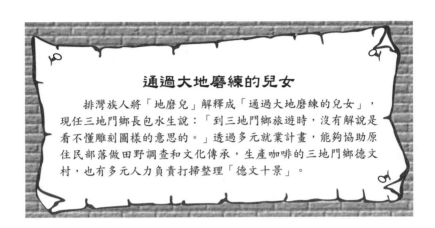

計畫補助的三年期間，勞委會每年都會檢視他們的績效，並不定期派員訪視考核，視工作成果來進行評分，通過考核才能獲得隔年的補助，員工才能繼續領每天八百元的日薪。「蜻蜓雅築」連續三年都通過考核獲得補助，如今已是三地門鄉重要的觀光旅遊景點，連日本、韓國、歐美國家的觀光客都慕名前來。

「蜻蜓雅築」創始人之一，城鄉文化藝術協會祕書黃逸珍表示，「除了推展琉璃珠工藝之外，他們也繼續推動新的多元就業專案，如『地磨兒（三地門鄉的排灣族語）地區地方特色與觀光休閒產業整合行銷』，協助發展三地門鄉的旅遊業。」

成功案例：「青春釀」http://tw.myblog.yahoo.com/jw!EiTZiEiWERXX11Qz5qw-/profile

屏東縣高樹鄉大埔村農產品生產合作社，也是爭取到經濟型多元開發方案補助成功的案例。專案經理人陳秋香兼合作社經理，指導村內二十多名六十歲以上的農婦，在農閒時製作私房醬菜，雖然都是老人家，但卻做出「青春釀」這個當紅的農產加工品牌。

高樹鄉所生產的芋頭、蜜棗、鳳梨等食材品質良好，尤其是鳳梨。高樹鄉的鳳梨栽種面積達七百十七公頃，被稱為「鳳梨之鄉」，於是合作社研發出鳳梨酵素的新吃法。此外，合作社產品還有楊桃、檸檬、番茄、香草椹等各種口味的水果醋。也有鳳梨豆瓣醬「旺之菜」、醃高麗菜乾「年之菜」、芥藍醃漬的「福之菜」。

鍾秋香藉由申請多元就業方案，讓失業者重拾信心，並進一步僱用人員協助農委會農糧署引進日本水稻「夢美人」原種米，進行在台灣生產的復育計畫，並由多元人力訪視農民，填寫生產履歷表，協助農地管理。鍾秋香表示，「所謂生產履歷表，就是向消費者

說明農產品產製過程，讓消費者在購買時，了解稻米生長的過程，確保品質，安心食用。」又是一個創業經營成功的案例。

攻略：社會型多元就業開發方案

攻略要點：牛若願做，不怕無犁可拖。

相較於經濟型的計畫是協助失業者設法當家作主，社會型的多元就業方案所幫助的對象，是向就業服務站辦理登記求職滿五個月但還未找到工作的弱勢族群。這些人可以到就業服務站登記謀取六個月的工作機會，時間雖短，但可以學到東西。

社會型的專案管理人，每月可領兩萬五千元的工作津貼，縣市政府會補助勞健保費。社會型的專案管理人和進用人員一樣任期六個月，進用人員日薪是八百元到一千元不等，每月最多工作二十二天，到就業服務站辦好求職登記，就業服務站會透過電腦篩選，通知你面試的時間地點。

邊做邊學！

如果是單純的打掃清潔工作，可能學到的東西不多，但也有不少兼具訓練機會的短期工作。舉例來說，消防局救護人力缺乏，於是消防局提出多元人力計畫，選任跟著救護車幫忙救護的人，被選上的人可以一邊工作，一邊學習技能。很多來參加的人會問，「沒有經驗怎麼辦？」承辦人表示，「我們會舉辦講習，教導各種急救技能。」這些訓練課程在外面的收費至少上萬元，消防局表示，「參與消防局的救護工作講習課程可以請公假。」等於說，參與這項短期工作，除了可以上課學習專業技能外，同時也有錢拿。

一般來說，用人單位提出一個名額，就業服務站會通知三個人去面試，作業時間需要三個星期。而政府機關向勞委會申請短期就業的各項方案，工作性質真的很「多元」。例如：衛生局會進用防治登革熱病媒蚊孳生的人員，做家戶訪問，當然進用的人不能嚼檳榔、抽菸，因為要顧及單位形象；警察局會進用協助抄車牌、用電腦查贓車的人力；環保局會需要打掃各地公廁的工人；用人最多的是責負道路清潔的工務處養護科，每個鄉鎮都要用人打掃馬路；還有原住民部落的托兒所，可以僱人煮午餐、打掃、協助照顧幼童。

政府機關想盡辦法「挖」出可以讓民眾參與的短期就業工作，以屏東縣政府為例，二〇〇八年兩項短期就業計畫，共進用六百多人，二〇〇九年還要進用四百零七人，中央搶救失業方案，全國將有十五萬個短期就業機會！

攻略：職業訓練

攻略要點：學習才是長遠之計。

參加各種就業方案是短期的工作計畫，但為了解決長期問題，政府還是希望在工作時，也能增加進用人員的技能。

勞委會透過職訓局舉辦了不少數位學習課程，讓多元人力學習文書處理和電腦的操作技巧。舉例來說：完全不會電腦的中高齡失業者，在爭取工作機會時，確實比較吃虧，因此勞委會會發光碟片給就業服務站，轉發給各縣市政府勞工處，透過專案管理人教進用人員學電腦。

也有很多大專院校推廣教育中心會和各縣市政府的勞工處合作，定期舉辦職業訓練課

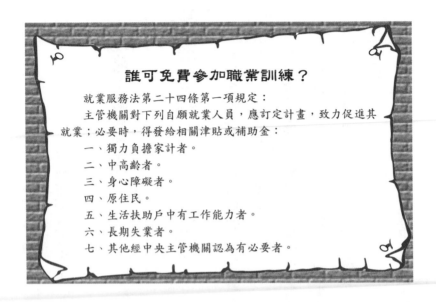

誰可免費參加職業訓練？

就業服務法第二十四條第一項規定：

主管機關對下列自願就業人員，應訂定計畫，致力促進其就業；必要時，得發給相關津貼或補助金：

一、獨力負擔家計者。

二、中高齡者。

三、身心障礙者。

四、原住民。

五、生活扶助戶中有工作能力者。

六、長期失業者。

七、其他經中央主管機關認為有必要者。

程，課程內容包羅萬象，包括「地方小吃製作及創業班」、「不動產經紀及地政士人員培訓班」、「咖啡及飲料製作經營管理班」、「西點烘焙班」、「素食料理班」、「生機飲食班」、「門市服務及倉儲物流管理人員培訓班」、「新成屋與預售屋銷售實務培訓班」、「社區及課後照顧服務人員培訓班」、「自行車維修及行銷人員培訓班」、「家務祕書培訓班」、「中西式早餐服務人員培訓班」、「中餐料理班」，甚至還有「喪禮服務員訓練班」，都是熱門的選擇。

所開的職業訓練課程，涵蓋食衣住行各種層面不同的需求，訓練時數從兩百四十小時到三百小時不等。參加這些課程要繳多少錢呢？這得看你的身分，如果你是就業服務法所列保障的失業者，參加職業訓練不但免費，還可以領取每個月一萬零三百六十八元的生活津貼。

除了情況特殊的失業者可以領生活津貼外，如果你有投保就業保險，也會獲得百分之八十的訓練費用補助。職業訓練的經費來源和多元就業開發方案一樣，都是行政院勞委會的就業安定基金。

對於有重回職場打算的人，記得要常問自己，「為什麼老闆要僱用我？我有什麼能力？」這和孔子所講「不患無位，患所以立」的道理一樣。很多失業者在離開職場之後，不是怨天尤人，就是產生逃避的心理。宗教家說過，碰到困境和煩惱就想逃避，不想去做，以為這樣就不煩惱了，這其實是痴心和怠慢。

煩惱通常是心對境時所生起的，對治煩惱就得從境下手。失業是一種外境，失業者如果自己先打退堂鼓了，那就一點辦法都沒有。如果能做好心理建設，把握機會，不要眼高手低，不要嫌待遇太低，先求有工作再說，逐步充實自己的能力，一定可以脫離失業的困境，實踐自己的夢想。

案例 P先生：開創事業第二春的中高齡失業阿宅

主角介紹

P先生，曾經擔任某大報的地方記者長達二十四年，在剛過完五十歲生日時，接到了裁員通知。從此變成中高齡失業的御宅族，整天在家裡蹲，承受巨大的生活壓力。不得已之下，他只好放下自尊，領取失業補助，然後接受短期就業方案的安排，擔任掃街清潔的工作；最後，經過一番努力，終於開創事業的第二春。

失業原因

「報社因為紙價上漲、廣告收入減少，業務緊縮必須裁員，凡是年滿五十歲，在報社服務滿二十年，符合團體協約規定者，都可提出提早退休申請。」聽到主管這樣宣布，P心中想，「該來的還是會來，只是提早來了！」。

他在報社工作了二十四年，原本打算做到五十五歲或六十歲再辦理退休，因為報社的

待遇不差，雖然近幾年不比以往景氣好時，年終獎金可以領二十幾萬元，但每月七萬八千多元的薪水，且工作內容駕輕就熟，可以多做幾年就幾年。

但「計畫趕不上變化，變化趕不上長官的一句話」，在他五十一歲時，地方中心主任邀集記者，宣布報社要裁員的消息，主任說著說著竟然哭了出來，他還要奉上面紙給他拭淚。P算一算，在報社服務二十四年半的年資，退休金可以領三百二十七萬五千多元，而報社沒有另外再加給優退金。

遞出離職申請後，以前講話不太客氣的長官打電話來，很客氣地對他說，「你的申請已經准了，以前講的話請多多包涵。」他回答說，「沒關係，大家都是為了工作，把工作做好最重要。」好聚好散，畢竟報社也養了他們一家二十多年，人要感恩。

心境轉換

報社給的謀職假加上年假，有一整個月的假期。P選擇參加福智團體，共學「菩提道次第廣論」。原本他的生涯規畫是退休後到福智團體的法人事業，當義工或是全職人員，但由於是意外提早退休，領取勞保退休年金的年齡（六十歲）還沒到；只能拿八成退休金。他擔心讀高二和國三的孩子還有補習費及學費要支出，幾番思考之後，還是決定繼續尋找其他工作機會。

這段期間，他的心中也曾有過不平，為什麼工作了一輩子，卻落到如此下場；而一些退休公務員，卻能整天悠閒過活，領著比在職還高的月退俸？後來，經過福智團體的師兄師姐們開導，他才坦然接受別人「福報較大」的事實，安心在道業上精進。「心靈的提升是我要走的路，即使在職場上，還是可以運用師長的教誡利益他人。」於是，他選擇積極地面對人生的變化。

尋找出路

一般來說，記者較少有第二專長，離職後的去處大都是到民意代表服務處擔任助理，或是到縣市政府幫忙發新聞稿。但縣市政府的人員缺額有限，且首長不可能以有限的預算，僱用超額的約聘僱人員，所以這條路不太可行。

變通的辦法是，善用政府的就業補助。P善用記者專長，打聽到地方政府正在承辦勞委會就業安定基金支付的多元就業開發方案，每進用二十名人員，就需要一位專案管理人，而這個職缺是由地方首長統一聘用。P透過以往採訪時建立的人脈關係，得到一個專案管理人的職缺，月薪兩萬五千元，扣除勞健保實領二萬三千多元，終於穩定了生活。

這份薪水和以前的記者待遇差很多，且工作性質繁瑣。但他逐漸調整自己的心態，放下身段，認真融入工作環境，將每個同事都視為老師。他說：「什麼事大家一起做，就會漸入佳境。」

P現在的工作內容全是他不熟悉的：要學習怎麼辦理勞健保；如何用電腦試算表計算進用人員的薪水，再用郵政傳輸系統匯入帳戶；大批進用人員上工的第一天，還要站在路口指揮交通；單位接到通知要掃馬路，也要一起出動掃地……這些是以前當記者時不會做的事。

給中年失業者的話

走出失業陰霾的P，現在除了上班之外，也會背著相機出門，到處去做自己有興趣的採訪，然後寫在部落格上和網友分享。他覺得「調心」是最關鍵的：

只要把心調柔和，隨時抱持學習和感恩的心，記住「觀功念恩，代人著想」的理念，隨時觀察別人的好處，感謝他人的恩德，抱持利他的心，不論在職場或是和家人相處，一定都會很融洽的。

P不但把工作當作興趣，也把興趣當作工作，看來他也已經能掌握宅經濟的真諦了！

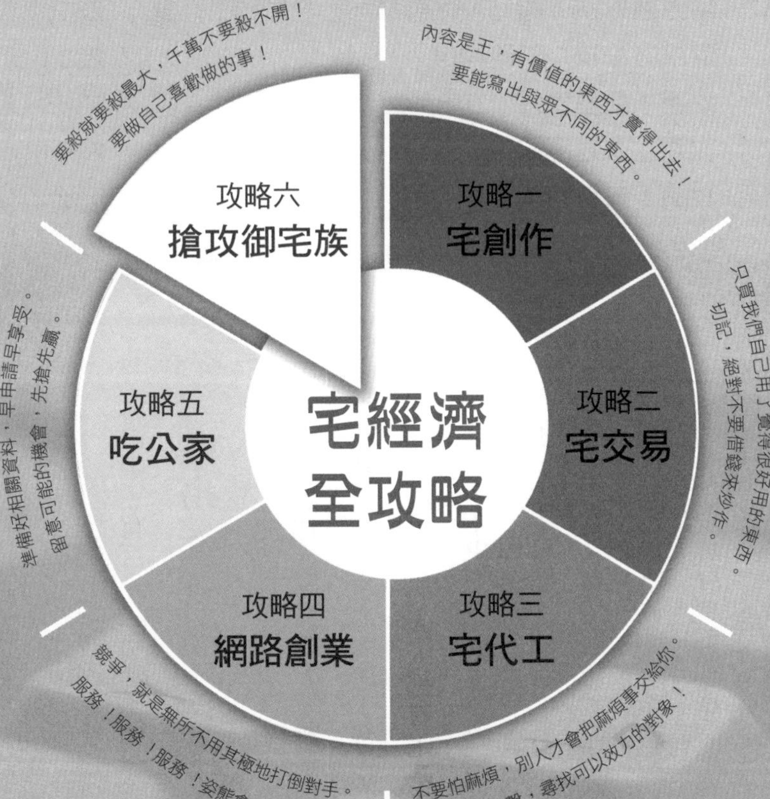
宅經濟
全攻略
攻略一
宅創作
內容是王，有價值的東西才賣得出去！
要能寫出與眾不同的東西。
攻略二
宅交易
只買我們自己用了覺得很好用的東西。
切記，絕對不要借錢來炒作。
攻略三
宅代工
不要怕麻煩，別人才會把麻煩事交給你。
主動出擊，尋找可以效力的對象！
攻略四
網路創業
競爭，就是無所不用其極地打倒對手。
服務！服務！服務！姿態愈低就愈賺錢。
攻略五
吃公家
準備好相關資料，早申請早享受。
留意可能的機會，先搶先贏。
攻略六
搶攻御宅族
要殺就要殺最大，千萬不要殺不開！
要做自己喜歡做的事！

根據行政院研考會二〇〇八年的調查顯示，百分之八十四點六的台灣家庭擁有電腦，十二歲以上的人口中，有百分之七十三點四的人使用電腦，上網率高達百分之六十八點五，上網人口超過一千三百七十萬人。

現代人對電腦的依賴日益加深，加上網際網路的普及，確實大大改變了傳統的生產與消費方式，如同前文所言，「**人人都有宅基因，人人都可能成為阿宅。**」不出門也能工作與消費，宅經濟的前景與市場無可限量。

因此，在這最後一道攻略中，我們要反過來，談談如何做御宅族的生意？如何賣東西給阿宅們？要賣些什麼比較好？御宅族的市場到底有哪些潛力？

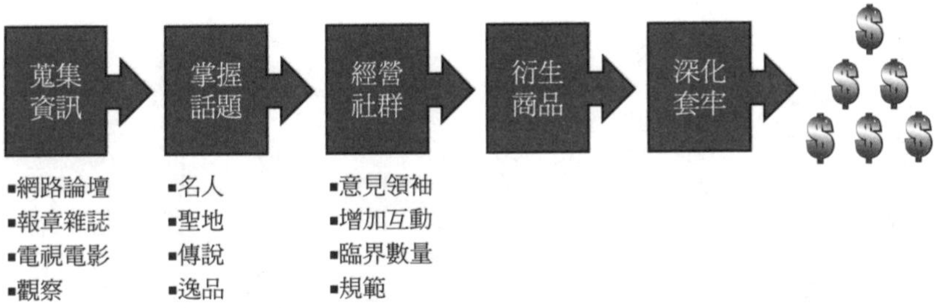

搶攻御宅市場流程圖

概論：搶攻御宅族基本流程

第一步 蒐集資訊

要搶攻御宅族市場，首先要了解宅市場的動態：現在的阿宅們在**萌**什麼？流行什麼？談論的是什麼？畢竟阿宅們的喜好，往往與主流媒體的口味不盡相同。

一般資訊的傳播途徑是：**網路→平面媒體→電視**。

最佳的資訊來源是網路論壇，雖然言論的品質良莠不齊，但保證又新又快。台灣最大的ＰＴＴ，是許多行銷者常關注的地方。報章雜誌的訊息通常都比網路晚一些（術語叫lag），但是經過專家編輯篩檢，比較不容易被假訊息給混淆。而電視電影就更慢了，常常都是宅話題發燒了，他們才會跟進。但是由於影像傳播的威力驚人，很容易造成流行風潮。最近不是有個英國宅大嬸上星光大道一炮而紅嗎？就是靠網路和影像的傳播。

融入御宅族社群，多看多聽，掌握住正夯的話題。由阿宅來搶攻阿宅市場有項最大的優勢：你只要「了解自己」就好了。你喜歡的東西，其他阿宅大概也會喜歡。

第二步 掌握話題

好賣的商品必有**獨特的銷售主張**。你可以從觀察御宅族市場所得到的資訊中，就人事時地物五項要素進行分析，從而塑造出你的行銷話題。其中，「**傳說**」與「**聖地**」兩項在後面的攻略中會提到。在此另外提出兩項：「**名人**」與「**逸品**」。近來當紅的宅名人，就是殺很大的瑤瑤小姐了，我們在前幾章也提過多位宅名人，他們創造話題的功力都不能小覷。此外，御宅族社群多是由萌上某種事物的阿宅所形成的，其中當然就有許多夢幻逸品，好比線上遊戲的虛擬寶物、失落已久的爵士大師唱片等等。

第三步 經營社群

在客戶導向的行銷時代，消費者的社群經營是當紅的顯學，在此提示幾個重點：

社群中通常都會有**意見領袖**，從觀察發言與回應的熱烈情況中可窺一二。掌握住這些意見領袖（透過禮物、試用、回饋等方式），可以為行銷商品大大加分。如果社群還未形成意見領袖，那你就自己塑造一個吧！（記得，別找個講話惹人厭的討厭鬼。）

社群成員間的互動會增加社群的**黏度**，使得脫離社群的成本提高。所以，想辦法增加能促進社群成員互動的機制，好比電信服務的「網內互打免費」，就是個好例子。

就像核子彈爆炸一樣，**社群形成**之初有個臨界數量限制。人數不夠，成員間意興闌珊，互動不起來；而只要過了臨界數量，社群就會呈爆炸性成長。有許多研究都想找出這個臨界數量，但目前尚未有定論。依ＢＪ觀察，虛擬社群的臨界數量大概是三十人；讀書會、愛車俱樂部等現實社群大概需要七個以上的同好才搞得起來。

社群形成後，還不要高興得太早。要趁早**建立適當的規範**，才能使社群可大可久。無可避免地，每個社群中都會有些害群之馬，或粗言惡語，或惡形惡狀，或者是奧客，可以透過意見領袖及群體的力量予以排除。

第四步 衍生商品

御宅族通常有蒐集的癖好。如果你好不容易塑造出暢銷商品，當然要趁勝追擊，除了主力商品以外，可以橫向或縱向地開發衍生性商品與服務。

《火影忍者》漫畫在二〇〇九年正好滿十週年，日本舉辦了大規模的慶祝盛典，除了讓粉絲有個交流分享的機會外，還展售劇中的各項忍具、衍生性紀念商品，據估計，商機超過十億日圓。會場有個大大的標語，在此用來勉勵想搶攻御宅族的人：「你的志願也是成為上忍嗎？」

第五步 深化套牢

想辦法讓阿宅們沉迷、套牢，錢潮就能滾滾而來。目前已驗證成功的手段有很多，例如：利用低價或免費的內容（或媒介）來吸引阿宅。由於內容與媒介的複合性（請參見「宅創作」），阿宅們勢必得花錢購買互補性的媒介（或內容）。線上遊戲行銷就常用這一招，先讓玩家們免費取得遊戲光碟，試玩上癮之後，接下來不付錢都不行。或者像是信用卡或商家的「紅利積點」，每次消費都回饋一定點數，而這些點數又只能換取本公司的商品，不斷累積下去，消費者想跑也跑不掉。（我老婆就被套牢得很慘啊！）

搶攻御宅族的可行性分析

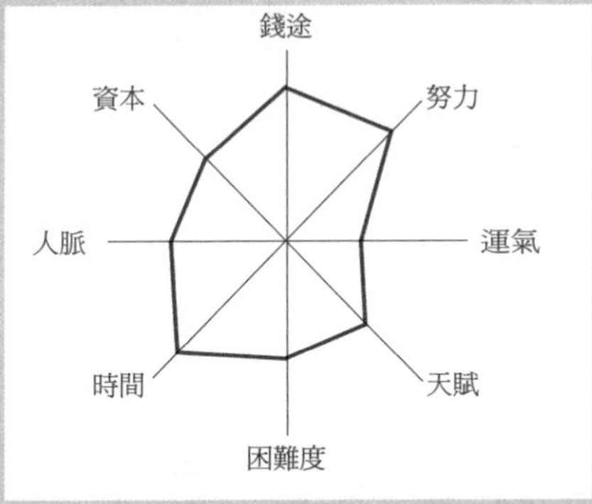

從前面的基本流程說明中，我們可以發現，想要搶攻御宅族市場，最需要的是**資訊**與**創意**，而不是天賦、努力、資本、時間等等這些傳統的重要創業資源。

然而，這並不是說這些資源都不必要，而是你必須有具體的創意與策略之後，再去考慮其他可行的資源。運氣的成分也很少，因為你必須懂得掌握正確的時機。

總的來說，如果你對御宅族市場的熟悉程度夠，並不會太困難，而且可以獲得不錯的利潤（錢途）。

立即上手：破解御宅族市場

御宅族的原始定義是指「狂熱者」，也就是萌上某種事物的人，其中最大宗、最顯眼的一群人，是精通動畫、漫畫及電腦遊戲的ＡＣＧ御宅族，其他還有科技迷、偶像迷、鐵道迷等等許多不同的類型。

這些御宅族的形成原因有二：一、社會進步，接受多元價值觀，御宅文化得以興起；二、網路普及，人們得以突破地域、時間等物理限制而互相連結，分享喜好、共同活動。

根據日本知名的野村綜合研究所所做的調查歸納，這一個族群的行動模式與消費特徵主要有三點：

一、**維持高水準的消費**：這是指在御宅族們專精的領域中，他們很願意付出較高的價格去購買商品或服務。而且這些支出占其總支出的比例，比其他「正常」人高了許多。

二、**消費且創作**：御宅族不但消費別人創作的作品，也會創造出作品。他們會提供自

消費螺旋

野村報告中，把這種既消費且創作的現象稱為「消費螺旋」：追求理想狀態的熱情迫使御宅族消費，然後當他們不斷消費而接近理想狀態時，熱情也就隨之增加，因而產生正向回饋（positive feedback），就像掉進深海的大漩渦一樣，愈陷愈深。

己的詮釋與理論，並據以修正原有作品之缺陷，或者進一步創造出全新的作品。也就是說，御宅族身兼消費與生產的雙重角色，又稱「**消費螺旋**」。

三、**社群化**：御宅族會在網路上以虛擬社群的形式，彼此交換評價資訊，並善於利用網路蒐集與分享資訊。他們對社群有極強的認同感，而且具有強烈的感染力。基本上，這是一種尋求「**認同**」的過程，分析其心理，大致有三股力量：「你看，周杰倫就是這麼帥……」（**仿同作用**）；「不管你怎麼說，我就是認為周杰倫最屌。」（**近似偏執的自我肯定**）；「我要找到跟我志同道合的人，組成周杰倫護衛隊，保護他不再被狗仔騷擾。」（**歸屬的欲望**）。

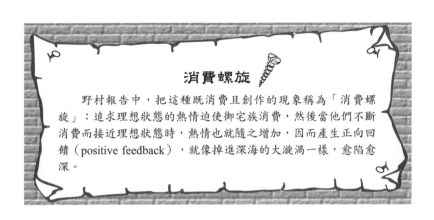

御宅族行動模式

- 維持高水準的消費。
- 消費且創作。
- 社群化。

御宅族消費特徵

- 對專精的領域，消費意願高。
- 消費兼生產。
- 認同與感染。

因此，野村綜合研究所也建議，針對御宅族的市場，我們可以從「蒐集」（Collection）、「創作」（Creativity）、「社群」（Community）這三C特性來進行「**宅行銷**」。簡單說明如下：

蒐集：把商品設計成「**可蒐集**」的屬性。最近在小學生間流行的甲蟲王者、恐龍王、遊戲王卡片就是最好的例子。ＭＬＢ的球員卡、線上遊戲的寶物等等，也都是相同的原理設計。

弔詭的是，並不是愈容易蒐集的東西就愈受歡迎，最好是有部分的產品具有相當的蒐集難度，如此一來，當「完全制霸」時，成就感就會愈高。但是，千萬不要設計成不可能收集得到，那就破功了。蒐集也是一種正向反饋結構：**蒐集到的愈多，就愈不容易放棄**。

創作：不一定要把作品全部完成，可以留下空間讓愛好者自由發揮、創作。在藝術作品中，「留白」是最高的學問——怎麼樣讓人覺得餘韻無窮，甚至想自己補足未完成的部分，就是吸引購買欲望的不敗法則。相同地，在一些高單價、高技術難度的商品上，我們應該留下某些可以讓使用者增補的部分。因為，說到底，人最愛、最相信的還是自己。

社群：留白還有一個好處，就是有利於具共同喜好的御宅族形成社群。這一類的社群個個都是狂熱者，他們不需要到處都可以取得的泛泛之論，他們想要的是專業的評論、創作，以及別處所得不到的情報。也就是說，蒐集與創作兩項技巧可以促進社群的形成。

在日本，針對狂熱御宅族所進行的行銷策略已經相當成熟，台灣的業者也必須開始嘗試這一類行銷手法，包括：

公開活動（Event）

把御宅族拉出虛擬的網路世界，建構一個在現實世界中，可以供阿宅們蒐集情報、展示自我，甚至公開販售、交換創作的場合。目前出版商每年都舉辦數次的「動漫祭」活動，就是為了這個目的。

聖地（Holy Land）

可以分為「生產」與「消費」兩種，好比說偶像歌手的家、模型工廠、漫畫工作室、作家的書房……這是「**生產型**」的聖地；而秋葉原女僕店、藝文人士聚集的茶館咖啡館、模型機試飛場……這是「**消費型**」的聖地。在台灣，聖地的經營仍未成熟，關鍵在於美學素養與消費社群的理解不足。

傳說（Legend）

故事的魅力在於能讓人「身歷其

行銷方式	攻略重點
公開活動	虛擬空間在現實世界的展現與交換。
聖　　地	生產聖地：明星家、工作室、書房。
	消費聖地：女僕店。
傳　　說	創造身歷其境的感受。

御宅族行銷手法

境」，在主角面對挑戰的情境中，模擬不可能（或尚未）發生在自己身上的事件。這是文化創意產業經營中，密技中的密技。舉例來說，與其費力地描述百萬大軍互相廝殺，血流成河的場景，還不如一句「談笑間，檣櫓灰飛煙滅」的故事所帶給人的想像。這就是傳說的魅力。

宅男必殺技：蘿莉塔與辣妹

攻略要點：要殺就要殺最大，千萬不要殺不開！

《蘿莉塔》（*Lolita*）是俄裔美國作家弗拉基米爾・納博可夫（Vladimir Nabokov）於一九五五年發表的小說，曾經在一九六二年時被知名導演史丹利・庫柏利克（Stanley Kubrick）改拍成同名電影，中譯片名《一樹梨花壓海棠》。故事是描述發生在一個四十歲的中年男子與一個十二歲的稚齡女孩之間的不倫之愛。片中女主角常穿著蕾絲緊身上衣、蓬裙、配有蝴蝶結的衣飾。後來，這種迷戀青春女性肉體的心理學現象，逐被稱為「蘿莉塔情結」。

運用蘿莉塔情結最著名的例子，是東京秋葉原名聞遐邇的女僕店——穿著荷葉邊圍裙的可愛少女，跪在宅男消費者的腳邊呼喚：「大人、主上……」於是乎，女僕店成了阿宅們夢寐以求的聖地與傳說。

蘿莉塔情結的變形，就是台灣目前最流行的「辣妹」行銷。現在的電腦展、資訊展、漫畫展、攝影展、家具展……甚至是台大畢業典禮，全都出「辣妹」！只要推出辣妹，必定人潮滾滾，商機看漲。相同的道理，不管哪個行業，如果想做宅男的生意，不要不好意思，推出辣妹就對了。當然，過猶不及，別搞成不合法的生意啊！

聽起來很簡單，但很多想搶攻御宅族的業者，真的要做起來卻都綁手綁腳，揮灑不開，效果自然差，這種現象，行話叫做「殺不開」。曾經有一位美女舞者想出寫真集來搶攻宅男市場，花了好多預算到世界各地去取景拍攝，每張相片都拍得美美的，聚焦在水亮的雙眸、飄逸的長髮，還有把全身包得像粽子的名牌華服。結果，一回來全部被上級打槍，丟進垃圾桶，重拍。她的老闆，也是行銷大師，只淡淡地說了一句話：「露得不夠多！」

宅女必殺技：帥哥與ＢＬ

攻略要點：騙死人不償命的羅曼蒂克！

「美麗又能幹的女人，只要過了適婚年齡還是單身，就是一隻敗犬；平庸又無能的女人，只要結婚生子，就是一隻勝犬。」日本作家酒井順子在其轟動一時的《敗犬的遠吠》一書中這麼說道。

或許是社會性別結構的失衡，或許是都會風流行的緣故，酒井順子一出版這本《敗犬的遠吠》，立刻登上暢銷書榜，引爆全球未婚熟女的熱門話題。敗犬，我們在第一章提過，算是「腐女」的一種變形，也是御宅一族。

究其心理，雖然敗犬們在表面上常說「不婚」、「不生」，但其實心底所期望的可能恰恰相反，她們往往還是會羨慕勝犬的幸福平順。利用這個心理，就可以設計一些行銷活動，好比派出浪漫溫柔的帥哥，或是能讓敗犬感到十足優越感的小男人，製造一些羅曼蒂克的對白，專攻敗犬的內心期待，讓她們心甘情願地掏出錢包。

ＢＬ（Boy Love，男男愛）男男同性戀也是類似的心理機轉。宅女們在現實生活中找不到心目中的白馬王子，只好設想他們全有同性戀傾向，所以才沒看上自己。用御宅族的說法，「在這黑暗的恨意與玫瑰色的憧憬交織下」，無論書籍、漫畫、卡通、電視……ＢＬ商品都受到了熱烈的歡迎。

要特別注意的是，有許多網路詐騙案件，也利用這種騙死人不償命的宅女必殺技。曾經發生過一個真實案例，奈及利亞黑人詐騙集團偽裝成倫敦的服裝設計師，專門在交友網站上釣熟女，用電子郵件寄送泰戈爾的詩句、浪漫的音樂，還有帥得不得了的猛男照與市郊大莊園照……在台灣有許多女性受害，最慘的是，受害者一旦陷入了感情的幻想中，往往無法自拔，甚至有人還和黑人詐騙者結了婚、生了小孩，最後被騙走畢生積蓄！

攻略：模型公仔

攻略要點：培養自己的美學素養。

模型一般是指將兵器、機械、建築等等物體依比例縮小的形體；公仔則是從香港傳來的用語，專指「人物模型」。一般來說，模型都是以塑膠原料製造，其他如黏土、金屬材料製作的也有，不過比例較少。

模型製作有不同的等級，最難的是原創的人物和造型，你得自己創造故事（內容），賦予模型生命，還得親手打造出模型的樣貌；次難的是「組裝」模型，將原廠塑模好的零件加以組合，然後再塗裝（依組裝的複雜度，又有不同等級）；最容易的就是已經完成的模型產品，也就是盒裝的模型，消費者只要花錢買來就行了。

因此，從事模型製造業也有不同的等級，收入當然和作品的難度成正比。在台灣，最高級的模型製造師的從業機會很少，原因不是因為我們的手藝比較差，而是創造模型「內容」的能力較差。如果你有志成為專業的模型製造師，增加自己的藝術涵養是必要的，目前國內幾所藝術大學都有雕刻工藝方面的科系（如台南藝術大學造形所），可以提供有志者進修學習。

國際大型的模型廠商大都集中在美、日，以及少數的歐洲國家，想要擔任模型開發、企畫與設計工作的話，目前台灣並沒有。台灣只有少數的代工廠商，擔任下游的塑膠射出、成型的工作。

國內大型的模型店集中在台北西門町的萬年大樓內，有些店員也會接受客戶委託，代為組裝模型，算是「準」模型師。另外，如果在模型圈混久了，而且作品品質優良，也有機會接下代工的工作，每完成一個模型有幾百元至幾千元的收入，不無小補。但國內玩家社群的規模，尚不足以支撐專業的模型師行業。

網路社群發達，開設網路模型店也是個很好的構想，如果你熟悉業界生態，又常跑日本，以跑單幫的方式經營是個不錯的選擇。但由於牽涉到著作權的問題，要做到正式代理，發展更大的生意，難度頗高。

攻略：卡通漫畫

攻略要點：想要修成正果，出國去進修吧！

想要創作卡通漫畫，或成為夠資格動畫師，該怎麼做我們已經在「宅創作」和「宅代

工」裡談過，攻略要點無他：如果你想成為世界頂尖的畫家，出國去學習吧。

最近幾年，國人自行成立的動畫公司如雨後春筍般出現，也有些不錯的作品上市。但是不可諱言地，仍和日本、美國的水準相去甚遠，廠商的規模、創作實力也遠遠落後。行政院最近提出六大新興產業中，也包含了文化創意產業，或許我們可以期待幾年後，卡通和動漫畫產業會有長遠的發展。其實台灣也曾成立過大型的動畫代工廠（如宏廣），專接國際大廠的動畫製作委託，單一公司的員工高達四百人，後來卻因為種種原因而歇業了。現在亞洲區的動畫代工業集中在韓國與中國，主要是因為人工較便宜。

攻略：電玩遊戲

攻略要點：要具備整合性、跨領域的才能。

經濟愈不景氣，電玩遊戲就愈紅。因為愈來愈多人受到裁員、失業、找不到工作的影響，寧願選擇窩在家裡，減少生活支出。閒來無事，打電動成為最容易打發時間的選項。

專業遊戲設計師做些什麼？

▶**遊戲美術設計師**：主要是負責遊戲當中所有的角色、場景以及介面等等的視覺設計工作。現今的工作模式多是以電腦作業為主，也有以手繪、塑模為基礎，再轉為數位檔案的作法，相關的數位技能必不可少。尤其現在的遊戲多是以3D圖像的方式呈現，與傳統的卡通手繪概念截然不同，因而又發展出塑模、貼圖、動作擷取等等「子專業」。一般而言，如果想從事這方面的工作，要拿著作品去遊戲公司應徵、投稿，或者參加競賽。如果想在家中自行接案，成為獨當一面的遊戲美術設計師，通常得在遊戲公司裡面累積多年的製作經驗才成，不太適合初入行者。

▶**遊戲程式設計師**：負責撰寫遊戲流程、規則邏輯、介面、圖像驅動引擎程式的角色。通常必須有充分的大型專案整合經驗的程式設計師，才能勝任這樣的重責大任。台灣的資訊產業發達，因此幾乎所有的大專院校都有資訊工程、資訊科學等科系在傳授程式設計的技術，每年的畢業生人數高達萬人。然而，真正有實力能從事遊戲程式設計的狠角色如鳳毛麟角。這是一個相當吃香熱門的行業，不過因為工作性質整合度高，比較少聽說有人能在家寫遊戲程式的。

說起來，宅經濟這個概念，還是被電玩遊戲業者給炒紅的呢！目前台灣電玩產業的總產值，上看百億規模。

電玩遊戲是一種「**高度整合**」的內容產業。要推出一個成功的遊戲，需要程式設計、美術設計、音樂音效、編劇製作、行銷企畫等等各方面的專業人才。團隊編制常常高達數百人，非實力雄厚的企業是辦不到的。也就是說，你一個人（或是少數人）是無法製作出你最愛的遊戲的，所以設計電玩遊戲很難變成宅事業。

然而，成為一位專精於某方面才能的專業遊戲設計師，倒是個人可以努力的方向。比如說成為遊戲美術設計師或遊戲程式設計師。業界最缺乏的其實是整合性的遊戲製作人才，以及遊戲行銷人才。或許阿宅們可以多方嘗試，也可以充實培養自己這方面的能力。

BJ宅智慧：怎麼賣毒品就怎麼賣遊戲！能讓玩家沉溺套牢的程度愈深，就愈有利可圖。

在玩家這一方面，現在也有發展出專門玩遊戲來賺錢的「專業」，比如說有代人上網「練功」的玩家，可以從中賺一些打工費；也有專門「打怪撿寶」，出售虛擬寶物、點數來獲利的「職業」玩家……不過，很多人誤以為這個管道「有利可圖」，但我們分析過各種線上遊戲玩家的成本（包括時間成本與金錢成本），以及出售寶物所能得到的利潤，結論是，這麼做甚至比不上你去打零工所能獲得的收入！

最後，來參考一下其他國家的發展。韓國政府為了扶植電玩產業，發展出真正的「職業玩家」，所以鼓勵人們把電玩當作職業運動來經營，類似職籃、職棒——電玩打得好的人，廠商願意付一筆薪水養他們，並舉辦正式的比賽。電玩選手就像職業運動明星一樣，有好的收入且受人敬重。他們甚至還會舉辦電玩奧林匹克競賽，邀請各國選手同台較勁。我們的有關單位應該好好思考一下，如何帶動這波電玩經濟。

電玩遊戲可以算是整個數位內容產業中，產值最高的火車頭！所以，接下來，我們就請到了電玩遊戲界的高手，為我們現身說法，帶大家了解電玩遊戲產業的生態。

案例 HANSON：網路創業者與線上遊戲研發高手

主角介紹 

Hanson，韓玉森，現年三十三歲，從事資訊產業已有十年。在學校讀書時，他就把大多數的時間都花在研究室裡，架網站、調主機、搞BBS、玩Dungeon（最早的線上遊戲）……每天最起碼花十二個小時在寫程式。

因此，他成了台灣第一批會撰寫網頁程式的高手。後來，他還和志同道合的同學們一起成立公司，當然有賺錢也有賠錢。之後，他被伯樂相中，進了遊戲公司擔任研發工程師，負責電玩的開發，以及工具的製作。目前正計畫推出XBox360上類似《魔獸爭霸》的即時戰略遊戲。

入行原由

在從事電玩遊戲開發工作之前，Hanson曾經多次創業，包括網路公司、資訊軟體系統承包商，他也接過台積電的系統開發案，並進行過許多跨國軟體專案。他表示，任何形式的商業軟體開發，從需求到成品的過程都大同小異，只要歷練得夠久，掌握開發的時間和成本，就能愈做愈精準。但相對地，工作就會愈來愈沒有挑戰性，於是Hanson漸漸喪失原本的熱情。

從讀書到步入社會，電玩一直是Hanson的興趣之一，從小時候玩《超級瑪莉》和《創世紀三代》開始，出社會之後還是繼續玩，Online Game從來沒有停過，而他心中也一直有許多對於「好玩又有趣」的電玩遊戲的想法。但之所以會進入這個領域，是因為看了卡內基美隆大學的教授蘭迪・鮑許（Randy Pausch）在《最後的演講》（*The Last Lecture*）一書中，提到「實現兒時的夢想」這樣的概念，於是他忽然升起一股衝動，想要離開自己原本的工作崗位，去追尋兒時的夢想。就此，他義無反顧地踏入遊戲產業。

入行以後他才發現，雖然工作的職銜沒變，還是程式設計師，但因為做出來的東西是

自己喜愛的東西，寫出來的程式也多了份「靈魂」的味道，所以工作起來會特別有衝勁和想法。

過來人的話：要做自己喜歡做的事！沒有把靈魂放進去，就很難做出好東西。做自己沒興趣的事，你只能賺到溫飽，每天朝九晚五；而做自己有興趣的事，你可以朝七晚十一。你說，誰會比較成功？

電玩遊戲設計

Hanson的工作就是每天寫程式，而他所寫的程式，跑出來的結果就是他愛玩的遊戲。

因為他自己愛玩遊戲，所以在寫程式的過程中，會特別有所期待。

過來人的話： 雖然我的工作只是程式設計師，雖然我做的事情和其他領域的程式設計師沒有什麼不同，使用的工具和環境也大同小異，但不同的是心境，我覺得自己做的東西是有趣的東西，是讓設計者都有熱情的東西，所以做起來也特別愉快——這一點是Hanson自認與他人最大的差別。

開發遊戲所使用的程式語言是C／C++，這是所有程式寫作的基礎功，如果你也想從事這一行，在學校可要認真學習，不斷地練習才行。

遊戲開發工作分成幾個部分，包括：遊戲流程（GamePlay）、使用者介面（UI）、影像特效（Graphic）、網路（Networking）、音效（Audio）等等，都是由不同的專業人員所負責。個別領域所需要用到的專業技能，包括網路、Shader、3D電腦成像繪圖演算法、音效處理演算法等等。

遊戲開發的工作環境與設備也和一般的軟體開發不太相同，每個人配備的電腦都是要「跑得動」遊戲的電腦，也就是效能要高——有兩台到多台十七吋以上的大螢幕，一台看程式、一台看文件或是程式執行結果；開發不同平台的遊戲時，會使用到不同平台的開發

機器，而這些開發機旁通常會有一台四十二吋的大液晶電視，用來測試遊戲開發的結果。

當然，他也不是一股腦兒地就一直寫程式，而是需要透過各式各樣的溝通討論來了解「**需求**」：程式設計師要和企畫人員一同去了解流程和結果是否可行；也要和美術人員協調各類圖形呈現的效果是否需要修正；而測試團隊則會告訴程式開發，哪裡有bug需要修正——這些工作就是程式人員每天都在做的事。

從以下的流程圖，我們可以看到一個專案的形成和過程。

Hanson目前所待的公司很開明，任何人對於任何遊戲有任何想法，都可以隨時提出來。也就是說，

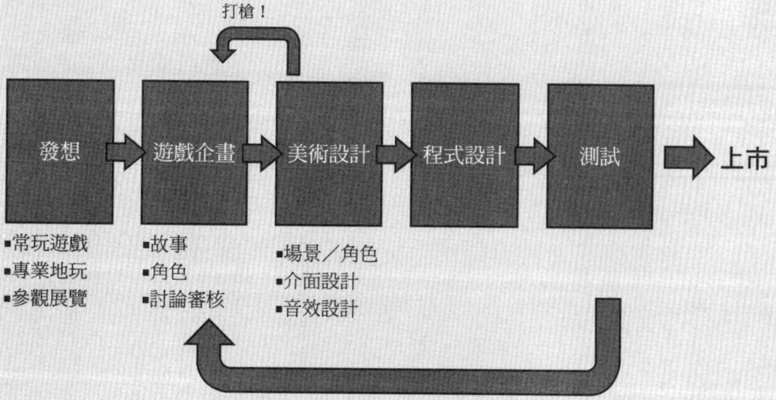

電玩遊戲專案製作流程

如果你對於某類型遊戲有興趣，就可以提出遊戲企畫書。高層評估後若覺得可行，就會召開一個專案，由提出計畫的人當計畫負責人，再搭配一個資深的製作人，然後召集專案所需的團隊人員，這樣一個新的專案就成立了。

專案成立初期，會先由企畫將整個遊戲的故事、角色等所有元素都設定好，接著再設定遊戲的畫面、流程、互動介面等等。之後交由美術去製作角色、畫面和介面。製作完成後，才由程式設計師去實作遊戲，最後再交給測試團隊去玩，並找出各種可能的問題。如果在玩的過程中，發現企畫的內容不是很好，則需要重新去思考並更改，再循相同的流程再跑一次，就這樣一直重複，直到一個遊戲的完整版大功告成。

這一行的甘苦談

企畫人員：要製作一個電玩遊戲，一開始一定是由企畫人員提出企畫案。通常在討論的過程中，很多企畫案會被打槍、被否決，於是企畫每天都在絞盡腦汁，發想各式各樣的點子。當然，點子並不是憑空想像就有的，很多時候是要碰運氣或要靠創意才想得出來。舉例來說，之前 Hanson 的公司想製作麻將遊戲，竟然要求企畫人員在一天之內要想出一百個新點子才能下班！沒有兩把刷子的人，千萬不要嘗試企畫工作。一般來說，能當電玩遊戲企畫的人，一定要有十年以上遊戲的經驗，並且每天至少玩上兩個小時的遊戲。遊戲要看得夠多，才能在各式各樣的遊戲情境中突破創意。

美術人員：在電玩遊戲的設計中，美術人員要做的事情是，將企畫想出來的所有故事和畫面場景都畫出來。然而，光是「畫出來」這三個字，就會讓人疲於奔命。常見的情況是，企畫人員說一句「遊戲中這個人在跑的時候要有三個動作」，美術人員可能就得為此畫上一整天。而且企畫常更改規格，美術人員就得跟著改到眼花，加班加到無法回家。

程式人員：最後是像 Hanson 一樣的程式人員，一個遊戲所有的功能畫面呈現，都是程式設計師去串（整合）出來的。寫過程式的人就知道，「企畫一句話，程式十天工」。只要改一個需求，接著就是美術要改，美術改完再來是程式改；改到一半，企畫可能又要改了，就這樣，程式設計師永遠有做不完的工。

測試人員：前面這些工作都還不算嚴重，最苦的是最後階段的測試員。通常一個電腦遊戲完成到某個階段，就會交由測試團隊去測試。他們通常得把遊戲玩上個百次、千次，才能測出遊戲是不是有問題。即使玩到都已經不想再玩了，還是得繼續玩。一款Console Game（電視遊樂器，如Wii、XBox）是絕對不允許當機這回事的！

在電玩遊戲產業中工作，不是光在玩而已，而是玩得很辛苦，所以如同Hanson所言：「如果只是會寫程式，或是只會做動畫的人，在公司會顯得格格不入，因為沒有對遊戲的熱情，是做不出什麼好遊戲的。」在Hanson的公司，平常同事們最大的興趣就是打電動玩具，上班時間大家最常討論的話題就是，昨天又下（載）哪一個副本或是又推哪一個王（這都是遊戲術語）。就連中午休息時間，大家用完餐之後就會開始分組，這一群人在玩魔獸爭霸DoTa，那一組人在玩魔獸世界，那邊又有一群人在玩Left 4 Dead殺殭屍，就連老闆也會跟著同事們一起廝殺。而公司也會在世界各地舉辦電玩展的時候，組團讓員工自由報名參加——世界兩大電玩展，美國E3電玩展和東京TGS電玩展，都是電玩愛好者必去朝聖的地方。

給新進者的話

在一般人的眼中，電玩遊戲產業的工作感覺是個「爽缺」，但其實真正做起來並不輕鬆。從一個遊戲的構想，到成為可以發行的遊戲軟體之間，要經過許多人的努力和奮鬥才能成功。所以，如果你想投入這個產業，必須先充實領域的專業。Hanson說：

想要寫程式的人，至少程式語言要熟，然後再依照自己的興趣去加強細部，看是要專攻網路，還是圖形運算，或是音樂影像的播放技術；搞美術的人，至少要熟3D繪圖，能畫出美美的圖，還要有想像力。最重要的，你得是專業級的玩家（玩《星海》能一打三、一打五），才能夠做出讓別人也喜愛的遊戲。

簡單地說，就是**要專業又會玩**！

美好的御宅人生

現在不是結束。
它甚至不是結束的開始
這或許只是開始的結束。

~邱吉爾

還記得二十世紀末的網路狂潮嗎？那時候我們瘋狂地想像著因通信科技而改變的生活模式：在家上班、在家上學、在家娛樂、在家做所有想做的事、在家過我們的人生。然而，這一切都沒有成真，於是大家都低下頭來，承認我們預測錯誤、承認失敗，認列所有的投資虧損，重頭再來。

然而，正如比爾．蓋茲所說：「事情總是沒你想像的那麼樂觀，也沒有你想像的那麼悲觀。」經過十年的醞釀，一波史上最嚴重的經濟衰退，真的使宅經濟發生了，實在令人始料未及。

「**行情在絕望中誕生。**」這句話算是對宅經濟最好的註解。未來**人人都將是阿宅，過著御宅人生**。這種生命情境的變化不可不謂劇烈吧？

要如何應對呢？

若往人類歷史的源頭回溯一萬年，當原始人類面對巨大的猛獸來襲時，他們有三種選擇：一、勇敢樂觀的人會拾起長矛迎向長毛象、劍齒虎，看準牠們的弱點，用力將手中的矛射出去，奮力一搏；二、懦弱悲觀的人會趕緊躲回洞穴裡，在洞口升起火焰阻擋敵人；三、奔逃不及的人則乾脆躺在地上裝死，期待猛獸聞不出他的氣息，或許會放他一馬也說不定，但結果往往是成了猛獸嘴中的佳餚。

面對宅經濟這波不可逆的趨勢，我們一樣有三種選擇：樂觀的人迎向它，從中尋找商機；悲觀的人躲開它，退縮回自己的洞穴中，漸漸成為繭居族；更糟的是，一心只想逃避又缺乏能力的人，只能裝死，不上學、不工作，成了不折不扣的尼特族。

在最後的篇章中，我們將分別針對這些抱持不同態度的阿宅們，提供如何在宅經濟的浪潮中破浪前進，甚或僥倖求生的一些建議。

宅商機：給人生態度積極的阿宅

變化會產生不確定性，但不確定性反而可以帶來許多創造的潛力。從熊彼得到杜拉克等這些知名經濟學家和趨勢專家都認為，「『動態不均衡』是經濟唯一穩定的狀態；創造發明家的『創造性毀滅』是經濟的動力；新科技即使不是經濟變化唯一動力，也是經濟變化的主要動力。」也就是說，變化可以是一種限制，也可以是一種機會。危機就是轉機。我們當從變化中尋找機會。而在宅經濟的帶動下，確實出現不少商機：

通訊科技

攻略要點：在選擇這一類的投資標的時，要選客戶「套牢程度」深的；選客戶基礎大的（網路效應大）做長期投資，一定有利可圖。

要能宅得起來，宅得有聲有色，擁有好的溝通聯繫管道，也就是通訊科技，是一定要

何謂套牢？

消費者的「套牢」（Lock-in Effect）現象，是指消費者必須付出相當的成本，才能完成品牌、系統或技術的轉換。舉例來說，刮鬍刀片用鈍了，刀柄還在，因此使用者下次還是得買這牌子的刀片；墨水用完了，印表機還在，下次還是得買這牌子的墨水匣。這叫「互補品」的套牢。消費者的轉換成本愈大，代表套牢的程度愈深，對產品系統的依賴性就愈強，也就意謂著消費者對廠商的終身價值愈高。

的工具。硬體部分包括手機、網路電話、ＰＤＡ、家用網路設備等等；軟體則包括即時通、Ｐ２Ｐ分享、上網軟體、搜尋引擎、各式部落格、社群網站，都是值得投資的項目。

而且，這些東西非常不容易受到景氣波動所影響，甚至是景氣愈差，這些通訊設備愈紅。不信的話，你可以觀察一下身邊的人，很多人能夠不出門吃大餐，卻不能一刻不講手機。國內大型的電信廠商就曾經指出，經濟不景氣、宅男宅女愈來愈多，造就宅經濟市場前景看俏，國內整體有線電視（Cable）上網人口目前約有六十萬人，在宅經濟的效應下，二〇〇九年有機會提高百分之三十至五十，上看百萬用戶。

家庭娛樂

攻略要點：內容是王。選擇這一類投資標的時，「內容」比「軟體」重要；「軟體」又比「硬體」重要。

閒閒在家能幹嘛？多數人第一個想到的就是娛樂嘛！

硬體設備包括視訊機上盒、電視遊樂器（Wii、PS3、XBox）、小型電腦、掌上型遊樂器、影音播放裝置、攝錄影機、音響、高級家具等等；軟體設備（含內容）包括卡拉OK、電影電視音樂、書籍（電子／非電子）、電玩遊戲等等各式娛樂聲光效果，都是很棒的投資項目。

這一類家用娛樂也是愈不景氣愈受消費者歡迎，尤其是單價低，可以消磨時間長的項目，比如線上遊戲和家用電視遊樂器。眾所熟知，雖然大環境不佳，但每年的電玩展都吸引上萬人潮，買氣更是強強滾。

內容是娛樂產業的核心。**宅經濟下的內容，強調「輕薄短小」、「刺激速效」**。舉例來說：以目前的電腦螢幕尺寸看來，要閱讀長篇大論，簡直是不可能的任務，因此網路小小說容易竄出頭，篇幅不超過螢幕一頁，至多一頁半；便利書也深受歡迎，一本書至多五、六萬字，且價格低廉，強調「低閱讀障礙」，完全不需動腦——**讓消費者零負擔的東西會紅**。

此外，影視節目也逐漸偏向腥煽色、極度聲光刺激，以可以立即帶來感官滿足的為首選，如AV成人電影、摔角格鬥、球類競賽、談話性節目、毒舌評審……這已經是不可逆的趨勢。

生活已經很苦悶了，誰要聽別人說教啊！

閱聽人的胃口變化速度也會加快，爆紅、爆冷的現象益加明顯。因此，能以高速生產新奇的內容者，會取得絕對的優勢。對於這個現象，最好的詮釋正如《愛麗絲夢遊仙境》所言：「為了保持在原來的位置上，你必須不停地跑，若是你想去任何其他地方，起碼你必須跑得比往常快兩倍。」

Home Office, Home School

攻略要點：多功能、不占空間、簡便易操作的東西終將勝出。

從資訊管理的角度來看，其實所有的辦公室作業都只是「資訊交換」而已。因此，人際接觸中有很大的部分，都可以用資訊通訊技術來取代。而且，在家工作不但是很多上班族的願望；對企業主來說，也是節省人事成本的可行方法。趨勢預言家費絲・波普康就說過：「個人電腦、終端機、電子傳真、電子視訊和行動電話等，都使資訊具有隨時隨地立即使用的功能。你可以在家擁有雷射印表機、傳真機、個人電腦、答錄機，家中任何成員均能隨時使用，人們為什麼還必須去辦公室呢？」

學校也是一樣。學校中的主要活動是「知識傳遞」，這項功能也是可以用資訊通信技術來達成的。然而，要特別說明的是，視訊會議之類的技術還是很難取代辦公室中的小組會議或學校中的「師徒相授」，因為這一類的溝通與教授技能，至少在目前，還是得透過眼神交流、肢體動作來進行，不僅是資訊的問題，還有情境的問題。

在這個前提下，包括家用辦公室設備（如小型的印表機、傳真機、掃描器）、網路設備與軟體、辦公家具、遠距教學軟體、電腦輔助教材、虛擬辦公室平台、檔案分享軟體、資訊安全服務，全都很有投資價值。

虛擬社群

攻略要點：虛擬社群大者恆大，不要考慮第二名；經營的重點是，「想盡辦法把人拉在一起」就對了。

人是社會性的動物，無論御宅族如何進化，終究還是有與他人接觸、尋求自我認同的需求。對於社群生活的重要性，費絲・波普康在《爆米花報告》中說道：「它給人一種與一群志趣相投的人同在的精神慰藉……我們呼朋引伴，與興趣相同、想法、期待、熱中事物相同的人結合在一起，我們可以把這想成是自我主張的另一面……我是群體的一部分，也為此感到驕傲，我有歸屬。」

可預期地，促進阿宅們的社群生活的項目，將是宅經濟的明日之星：虛擬社群、交友網站、聯誼服務、校友會、手機圈、通訊軟體、約會場所、汽車旅館等等，尤其是各類御宅族所形成的專業社群、公開聚會、活動，都將蓬勃發展。

第二人生（Second Life）

攻略要點：愈夢幻就愈受歡迎，提供現實人生所不能提供的體驗。

對很多阿宅來說，尤其是尼特族們，這一個人生是失敗的，毫不具現實意義。即使是對心理健全，但受困於柴米油鹽等日常瑣事的現代人而言，逃離現實

宅商機	攻略要點
通訊科技	選客戶「套牢程度」深的，以及選客戶基礎大的（網路效應大）做長期投資。
家庭娛樂	內容是王：「內容」比「軟體」重要；「軟體」又比「硬體」重要。
HOHS	多功能、不占空間、簡便易操作的東西終將勝出。
虛擬社群	虛擬社群大者恆大，不要考慮第二名。
第二人生	愈夢幻就愈受歡迎，提供現實人生所不能提供的體驗。

宅商機密技

生活、解脫壓力的方法也將受到熱烈歡迎。

費絲・波普康在上個世紀就這麼預測：「夢幻歷險有時也會來自下意識勇敢的一面，事實上無論是正面抑或負面的驅策力，它最終目的無非是尋找安全感。然而，什麼是真正的夢幻歷險？它是一種經由消費行為的替代逃避而得的精神淨化。它同時也是一種瞬間而瘋狂的自現實世界撤退，享受異國情調的『異國』經驗和某些富想像力的大膽產品；它是一個逃避者對一個比自己更大膽的英雄的認同。於是你可以於一時之間掃除一切惡棍，又能於晚飯前安然地回到自己的家門。」

家庭娛樂、奢華精品、旅遊餐飲、主題遊樂園、賭場、情色產業……這些是傳統的作法。宅經濟趨勢下所構成的「第二人生」更具商機：線上遊戲提供「角色扮演」的機能，使阿宅們沉溺無法自拔；色情影音圖書透過電子化傳遞，滿足阿宅們感情受挫的幻想；情趣商品、內衣香水的郵遞事業則讓阿宅們可以以高度隱密的方式，享受戀愛的喜悅。

我們甚至看到有人在網路上拍賣人生，把工作、房屋、朋友，以及自己所擁有的一切，全部拍賣掉。然後忘掉過去，拿著這筆錢，另外找個地方重新開始第二人生。

做個有用的人：給對人生失望的阿宅

在我們的社會中，真的有什麼都不行、什麼都不在乎的人，他們遇到問題只會逃避，甚至裝死。這也就是御宅一族中最令人頭痛的**尼特族**的問題。

尼特族有兩個黑暗面：不學習、不工作。這兩者互相糾纏、滋長，逐漸演變成嚴重的社會問題。

第一個黑暗面，以東京大學教育部佐藤學教授提出的「**逃避學習**」這個說法最具代表性。「逃避學習意指放棄受教育的機會，斷然選擇逃走的孩子。他們在接受教育的一開始，便抱著離棄教育的主體意識，這同時意味著他們不久將隨波流向低下層級，往『下流社會』流動，而懷著低落志向的社會團體就此登場。」

這種狀況在台灣也漸漸發生，我們可以看到大學的錄取門檻逐年降低，二〇〇八年的錄取分數降到只剩下七分。這還只是高等教育體系的問題，如果用占學生人口多數的技職體系來說，狀況更慘。

以四技二專統一入學測驗科目來說好了，滿分一百分，全部是四選一的選擇題，答錯不倒扣——稍有數學程度者都算得出來，隨機亂猜的數學期望值是二十五分。也就是說，若是「真正的無知者」，把答案卡填滿就有二十五分。你猜，分數不滿二十五分的人有多少？經常超過四分之一，嚴重時有一半，零分的人所在多有。

那也就是說，這些孩子**根——本——不——在——乎**，他根本不想寫答案卡，根本不想念書，根本放棄學習，他們以行動對家長（和整個社會）表示：「是你叫我來考的喔，讀不好不關我的事。」一句話把責任推得一乾二淨。

即使進了學校，被強迫坐在課堂上，他們所表現出來的態度也是如此。「我來上課已經很給你們面子了，想要我專心聽，免談！」接著不是打起電動玩具，要嘛就乾脆趴在桌上睡覺。然後大剌剌地在期末考交白卷，最後還在對老師的教學評鑑中抱怨說：「老師教的我完全聽不懂！」

接下來的事情就更嚴重了，各種教育主管機關收到評鑑後，直接把責任歸咎於老師，「都是老師沒認真教學，才會使學生的滿意度下降。」這麼一來，老師索性睜一隻眼、閉一隻眼，乾脆讓學生上課睡個過癮，考試也直接給一百分，省麻煩，也皆大歡喜。如此惡性循環之下，學生的學力低落，放棄學習的狀況就難以避免了。

令人悲哀的是，社會輿論也好，表面看來憂心忡忡的家長也好，或假道學的公共知識分子也好，總是振振有辭地撻伐這種「學力低落」的集體現象，卻無法提出如何援助學力低下的學生的有效對策。

第二個黑暗面，是逃避勞動的現象。在這一波經濟不景氣的衝擊下，台灣的失業率高達百分之六，畢業生找到第一份工作的時間平均約需半年。校園中未畢業的學生觀察到這種現象，自然而然會想，「反正畢業也找不到頭路，還不如繼續留在校園中。」他們自認合理地採取消極的抵抗手段，故意被當、延畢，抗拒學習的情況也就更加嚴重了。

「認為自己沒有獲得合理的報酬」是尼特族形成的重要理由。這一群年輕的阿宅們，是由富裕且崇尚自由與個人主義的「嬰兒潮」世代父母所養成，從小就被教導「你是獨一無二」的觀念。因此，一旦他們進到職場，常會覺得自己所獲得的待遇與所負擔的工作不成正比，總覺得公司給予太多的責任與壓力，因而頻頻轉職，這就是所謂的「**草莓族**」現象。甚有過之，部分人以爭取自由為名義，索性不工作，待在家中怨天尤人，靠父母養，造成了屆退休年齡的父母更大的負擔。

更嚴重的是，根據統計，並非家境比較富裕的家庭才容易產生尼特族，反而是弱勢家庭更容易產生尼特族——就好比弱小的動物遇到危險時，會自動把身心機能降低，以裝死來逃避危險，結果卻反而讓自己陷入更深的危險之中。日本重要思想家內田樹教授的分析一針見血，他說：「反而是社會的弱者強化了階級化的現象，他們積極努力地讓自己在社會上處於更弱勢的地位。」這就是「**貧窮遺傳**」現象。

逃避學習與逃避勞動，就好像兩個巨大的漩渦，緊緊地吸住尼特族，把他們拖向地獄的深淵，不斷沉淪。要怎麼把他們超拔出地獄苦海呢？非得對症下藥不可。

「成為尼特族是他們自己的選擇，他們得自己負起責任。」這麼說等於是把尼特族孤立於社會之外，任其自生自滅。這是錯誤的藥方。

「你去工作就會有錢賺」、「好好讀書就會有好工作」，苦口婆心不斷規勸也是錯誤的藥方。因為當他們發現你說的並不成立時，以後就再也不吃藥了。

要求老師、老闆要降低尼特族的課業和工作的負擔，這麼做更是有毒的藥方，吃下去恐怕會增加更多的尼特族。

還是要回到以前的威權時代，家長對小孩動輒打罵，不聽話狠揍他們一頓，期望他們覺醒。這麼做的人，恐怕自己會先被毒死、打死，因為孩子常常比父母壯。

正確的藥方是「愛」。

內田樹教授說：「對於已經成為尼特族的人，我們必須思考如何守護他們的人權，另一方面，對於將要成為尼特族的人，我們必須勸告他們，別這麼做。尼特族對策最欠缺的，就是這『合常理的原則』。尼特族之所以成為尼特族，是因為他們認為『世間冷漠』。所以只要傳達出『世間還是有溫暖』的訊息，實際伸出援手，情況應該就能一點一滴地慢慢改變。」

這麼做並不是溺愛，伸出援手的同時，要順便拉他們一把，讓尼特族知道自己的存在是有價值的。試著想像一個只有你自己一個人的世界：你擁有了全世界，縱使不愁吃、不愁穿，生命也毫無意義。生命的意義是建立在「與他人的連結」上，建立在「對他人的付出」上。

縱使是付出比得到的多，我們也能甘之如飴——這才是破解尼特族問題的重要關鍵。如何把這一點傳達給正在沉淪的青少年，恐怕才是整個教育制度的當前要務吧？

最後要說的是，在宅經濟成形的此刻，阿宅們面對勞動與就業市場，應該有更積極的思考態度。環境不斷變化，我們不能躲起來，更不應隨波逐流。傳統的價值觀要求阿宅們妥協，接受薪水最好的工作，或者是長輩們要求你從事的職業。但那其實都不是理性的「**最佳選擇**」。

比較合理的作法是：傾聽自我，想辦法找出適合自己的性向，且能夠勝任愉快的工作。選一個，然後把生命投注進去，「**燃燒你的小宇宙吧！**」

做個有用的人，做個令人尊敬的御宅族，你將會獲得滿足又美好的御宅人生。

國家圖書館出版品預行編目資料

宅經濟全攻略 / 施百俊 著
一初版一
臺北市：商周出版：家庭傳媒城邦分公司發行；
2009.07 面： 公分 .
ISBN 978-986-6472-89-3（平裝）
1. 行業 2. 創業 3. 個案研究
542.76 98009005

宅經濟全攻略

作　　者／施百俊
企畫選書／陳玳妮
責任編輯／陳玳妮

副總編輯／楊如玉
版　　權／林心紅
行銷業務／賴曉玲、蘇魯屏
總 經 理／彭之琬
發 行 人／何飛鵬
法律顧問／台英國際商務法律事務所　羅明通律師
出　　版／商周出版
城邦文化事業股份有限公司
台北市中山區民生東路二段141號9樓
電話：(02) 2500-7008 傳真：(02) 2500-7759
E-mail：bwp.service@cite.com.tw
發　　行／英屬蓋曼群島商家庭傳媒股份有限公司城邦分公司
台北市中山區民生東路二段141號2樓
書虫客服服務專線：02-25007718・02-25007719
24小時傳真服務：02-25001990・02-25001991
服務時間：週一至週五09:30-12:00・13:30-17:00
郵撥帳號：19863813　戶名：書虫股份有限公司
讀者服務信箱E-mail：service@readingclub.com.tw
城邦讀書花園　網址：www.cite.com.tw
香港發行所／城邦（香港）出版集團有限公司
香港灣仔駱克道193號東超商業中心1樓
Email：hkcite@biznetvigator.com
電話：(852) 25086231　傳真：(852) 25789337
馬新發行所／城邦（馬新）出版集團 Cite (M) Sdn. Bhd. (458372 U)
11, Jalan 30D/146, Desa Tasik, Sungai Besi,57000
Kuala Lumpur, Malaysia.
電話：(603) 9056 3833　傳真：(603) 9056 2833
封面設計／黃聖文
排　　版／藍天圖物宣字社
印　　刷／韋懋印刷事業有限公司
總 經 銷／聯合發行股份有限公司　電話：(02) 29178022　傳真：(02) 29156275

2009年7月7日初版　Printed in Taiwan
定　　價　280元

ISBN 978-986-6472-89-3

商周出版

廣	告	回	函
北區郵政管理登記證			
北臺字第000791號			
郵資已付，免貼郵票			

104台北市民生東路二段141號2樓

英屬蓋曼群島商家庭傳媒股份有限公司城邦分公司　　收

▼

請沿虛線對摺，謝謝！

書號：BK5046　書名：宅經濟全攻略

請於此處用膠水黏貼

讀者回函卡

謝謝您購買我們出版的書籍！

請花點時間填寫此回函卡，我們將不定期寄上城邦集團最新出版訊息。

姓名：＿＿＿＿＿＿＿＿＿＿＿＿＿＿＿＿＿＿＿＿＿＿＿＿

性別：□男　□女　　生日：西元＿＿＿＿＿年＿＿＿＿＿月＿＿＿＿＿日

地址：＿＿＿＿＿＿＿＿＿＿＿＿＿＿＿＿＿＿＿＿＿＿＿＿

聯絡電話：＿＿＿＿＿＿＿＿＿＿＿＿　傳真：＿＿＿＿＿＿＿＿＿＿＿＿

E-mail：＿＿＿＿＿＿＿＿＿＿＿＿＿＿＿＿＿＿＿＿＿＿＿

學歷：□小學　□國中　□高中　□大專　□研究所以上

職業：□學生　□軍公教　□服務　□金融　□製造　□資訊

□傳播　□自由業　□農漁牧　□家管　□退休　□其他

您從何種方式得知本書消息？

□書店　□網路　□報紙　□雜誌　□廣播

□電視　□親友推薦　□其他＿＿＿＿＿＿＿＿＿＿＿＿＿＿＿＿

您通常以何種方式購書？

□書店　□網路　□傳真訂購　□郵局劃撥　□其他＿＿＿＿＿＿＿＿＿＿

您喜歡閱讀哪些類別的書籍？

□財經商業　□自然科學　□歷史　□法律　□文學　□休閒旅遊

□小說　□人物傳記　□生活、勵志　□其他＿＿＿＿＿＿＿＿＿＿＿＿

對我們的建議：

＿＿＿＿＿＿＿＿＿＿＿＿＿＿＿＿＿＿＿＿＿＿＿＿＿＿＿＿

＿＿＿＿＿＿＿＿＿＿＿＿＿＿＿＿＿＿＿＿＿＿＿＿＿＿＿＿

＿＿＿＿＿＿＿＿＿＿＿＿＿＿＿＿＿＿＿＿＿＿＿＿＿＿＿＿

＿＿＿＿＿＿＿＿＿＿＿＿＿＿＿＿＿＿＿＿＿＿＿＿＿＿＿＿

請於此處用膠水黏貼